Abdülselam „Abi" Dal

Die Abi-Methode -

So wird Integration ein Erfolg

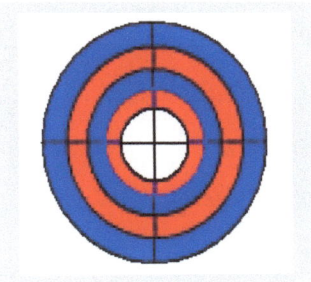

Integrationserfolg erzielen

Ein autobiographischer Leitfaden für interkulturellen Erfolg in Deutschland.

abidal.de

Kulturen entdecken. Interkulturelle Erfolgsfaktoren.

ISBN 10:1481120654

ISBN 13: 978-1481120654

1

Inhaltsverzeichnis

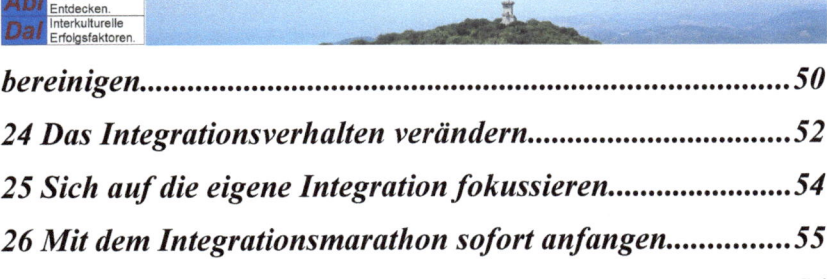

Abbildungsverzeichnis

Tabellenverzeichnis

Meine Berufung ist es, die Integration von Einwanderem zu erforschen, diese positiv und wirtschaftlich zu begleiten.

Ich bin selbst ein Migrant und möchte zu ihrem Erfolg in allen Bereichen bei-tragen.

Zwei Gastarbeitergenerationen in Nagold

Meine Gedanken widme ich meinen Eltern, die als Gastarbeiter nach Deutschland gekommen sind, und den Bürgern der Stadt Westerstede, die mir die deutsche Sprache vermittelt haben.

1 Vorwort

Integration ist kein Selbstläufer. Integration muss man hart erarbeiten. Sowohl Migranten als auch die Mehrheitsgesellschaft sollten sich von ihren herrschenden Gewohnheiten verabschieden und bessere annehmen, um die bisher wenig erfolgreiche Integration voranzutreiben.

Das Buch „Deutschland schafft sich ab" von Thilo Sarrazin hat die Kluft zwischen Migranten und Nichtmigranten vergrößert. Das Vertrauen der Migranten in den deutschen Staat ist durch die Zunahme rechtsextremer Gedanken und Gewalt erschüttert. Es ist schwierig geworden, Integration positiv zu gestalten.

Ich möchte dieser Entwicklung mit meiner Berufung einen positiveren Verlauf geben. Meine Berufung ist es, allen in Deutschland lebenden Menschen mit meinem wirtschaftlichen Knowhow und meiner Erfahrung konzeptionelle Hilfestellung zu geben, damit sie in Frieden und Wohlstand interkulturell miteinander leben können.

Als siebenjähriger Gastarbeitersohn bin ich 1978 nach Deutschland gekommen. Mit 21 Jahren habe ich Abitur gemacht. In dieser Zeit hat sich mein Spitzname „Abi" einwickelt. In Marburg habe ich Diplom Volkswirtschaftslehre studiert. Ich bin der dritte türkischstämmige Student gewesen, der die Marburger Universität als Diplom Volkswirt absolviert hat.

Während des Studiums habe ich meine russische Frau kennengelernt. Sie ist Diplom Kauffrau und arbeitet in einem international tätigen Telekommunikationsunternehmen. Seit fast zwanzig Jahren sind wir verheiratet und haben drei Kinder. Unsere Kinder sind in der Schule und in ihren Sportvereinen sehr erfolgreiche Persönlichkeiten.

Ich arbeite im zentralen Finance-Bereich einer Frankfurter Großbank. Unser Bereich erstellt das Reporting, den Ausblick und die Budgetzahlen für das wichtigste Segment der Bank. Unsere Zahlen, Berichte und Präsentationen bekommen die höchsten Managementebenen des Segments und der Bank. Vor diesem Hintergrund kann ich sagen, beruflich bin ich erfolgreich.

Meine Frau und ich sind in Kultur- und Sportvereinen ehrenamtlich aktiv, im Kinder -garten und in der Schule sind wir stets abwechselnd in Elternbeiraten engagiert.

Außer den ehrenamtlichen Tätigkeiten für unsere Kinder unterstütze ich als Frankfurter Ausschussmitglied die Arbeit des *International Bankers Forums* (IBF, www.ibf-ev.de). Im IBF setze ich mich mit meinem interkulturellen Hintergrund für ein besseres Rollenbild des Bankers in der Öffentlichkeit ein.

Seit 1994 bin ich deutscher Staatsbürger und mische in der Politik mit. Angefangen mit Politik habe ich in der Hochschulgruppe einer deutschen Volkspartei. Meine politische Arbeit hält bis jetzt an. Mittlerweile bin ich ein gefragter Fachmann für Integrationspolitik- und Migrantenökonomie.

In meinem Wohnort bin ich sowohl unter Migranten als auch Nichtmigranten ein Erfolgsmodell, eine erfolgreiche Marke:

„Abi Dal: Ein erfolgreicher Vater, Banker, Politiker und Bürger mit Ehrenämtern und interkultureller Kompetenz."

Daher vernahm und vernehme ich sehr oft, ich sei erfolgreich integriert. Mir ist mein Erfolg lange Zeit unbewusst geblieben. Erst die politische Auseinandersetzung auf Kommunal- und Landesebene in Baden-Württemberg hat mich dazu verleitet, mich mit den Erfolgsfaktoren der Integration, auch mit meinen zu beschäftigen.

Im Jahre 2010 habe ich angefangen mein Leben, das Internet, Bücher und Medien nach Erfolgsfaktoren der Integration zu durchsuchen. Während der Recherchen habe ich, was mein Leben anbelangt, folgende Entdeckung gemacht: Mein Leben und mein Weg der Integration sind bewusst und unbewusst meiner Berufung gefolgt: Menschen helfen, in Frieden und Wohlstand interkulturell miteinander zu leben. Sei es beruflich, privat, ehrenamtlich, im Hobby oder politisch meine Berufung hat mich stets begleitet, ich habe sie eingebracht. Mein Integrationserfolg gründet auf meiner Berufung.

Ein Ergebnis meiner Untersuchungen ist: Es sind Faktoren erforderlich, um die eigene Berufung in die Integration einzubringen und den Erfolg zu verbuchen. Diese Erfolgsfaktoren und die Ermittlung der eigenen Berufung sind das Thema dieses Buches. Einige Faktoren sind ausführlicher, einige sind mit Beispielen versehen. Erfolgsfaktoren, die selbsterklärend sind, sind weniger ausführlich dargestellt.

Wenn Sie Ihrer Berufung bewusst folgen und die beschriebenen Erfolgsfaktoren anwenden, werden Sie Ihr Leben und Ihren Weg der Integration erfolgreich bestreiten.

An dieser Stelle möchte ich meinem Freund Ferdinand Kuschnick danken, der mir während der Recherchen und der Zusammenfassung stets unterstützend zur Seite stand. Er hat mir sehr hilfreiche und weiterführende Impulse gegeben. Es ist wunderbar, einen ehrlichen, integeren, authentischen und echten Freund zu haben.

Viel Spaß bei der Lektüre.

Nagold, 27.11.2012

„Abi" Abdülselam Dal

2   Eigenes Leben selbst in die Hand nehmen.

Eigenverantwortung

Eigenverantwortung ist der wichtigste Faktor für ein erfolgreiches und glückliches Leben, weil dieser den eigenen Lebenslauf maßgeblich bestimmt.
Wenn in unserem Leben etwas schief geht oder uns ist ein wichtiges Vorhaben missglückt, dann suchen wir primär die Schuld bei anderen.
Wir sind bestrebt, die Verantwortung für das Misslingen auf andere zu schieben. So bestimmen andere unser Leben, auch im Integrationsgeschehen.

Integrationsprinzip	Effekt	Zuwanderer	Inländer	Nutzen
Integration zu Eigenverantwortung machen	Eigenverantwortung bestimmt maßgeblich den Erfolg von Integrationsbemühungen	Verantwortung übernehmen, Integration ist das, was man selbst macht, die eigene Integration selbst verantworten. Integration geht zuallererst von einem selbst aus.	Integration ist nicht die alleinige Sache der Migranten, Inländer sollten die Integration aktiv mitgestalten.	Jeder bestimmt die Intensität und Qualität seiner Integration selbst.

Tabelle 1: Eigenverantwortung und Integrationsnutzen

Eine erfolgreiche oder misslungene Integration liegt in der eigenen Verantwortung. Es ist richtig, die Verantwortung für das eigene Leben in Deutschland selbst in die Hand zu nehmen, um Herr über das eigene Leben und Tun im Integrationsprozess zu sein.
Um einen Beitrag für die Integration zu leisten, braucht man etwas, was man in das Miteinander von Einwanderern und Einheimischen einbringen kann.
Am besten und erfolgreichsten nehmen Migranten am Leben teil, wenn sie sich mit ihrer persönlichen Berufung einbringen. Die eigene Berufung ist das Integrationsangebot, das zum Erfolg führt.

9

Abi
Dai

Kulturen
Entdecken.
Interkulturelle
Erfolgsfaktoren.

3 Eigenen Integrationsweg gehen.

Berufung erkennen

Berufung besteht aus zwei Teilen: Freude und Können. Der eigene Integrationsweg sollte Freude einem selbst und anderen bereiten und mit eigenen Fähigkeiten bewäl-

Eigenen Integrationsweg gehen

tigt werden können. Das ist Berufung, der Weg, der zum Erfolg führt.

Mir macht es z.B. Spaß, Menschen politische Tipps zu geben. Beruflich analysiere ich in einer Bank Daten. Den Spaß und die berufliche Erfahrung habe ich miteinander so verknüpft, dass ich meiner Partei ökonomische Zahlen analysiere und in die Konzepte unserer Migrationspolitik einbringe. Meine Ideen sind ein kleiner Teil des grün-roten Koalitionsvertrages in Baden-Württemberg.

Ein anderer Fall ist meine Schwägerin. Als sie nach Deutschland kam, konnte sie weder Lesen noch Schreiben. In meiner Gymnasialzeit habe ich ihr das Lesen und schreiben beigebracht. Sie ist in einer großen Sippe in der Türkei aufgewachsen und hat als ein junges Mädchen gelernt, zu kochen. Sie mag es, für Freundinnen Matineen zu organisieren. So liebt es meine Schwägerin, ihre Freundinnen anzurufen, um Aufgaben zu delegieren. Anfallende Aufgaben sind: Musik, Raum, Geschenke, Dekoration, Essen, Trinken usw. Obwohl meine Schwägerin keine Schule besucht hat, haben ihre türkischen Kochkünste und ihre Matineeleidenschaft sie zu Stellvertreterin des Küchenchefs eines deutschen Altenheims gemacht.

Dort, wo Spaß und Können sich vereinen, sind Erfolg und Integration nah.

Eigene Berufung		
1	3	2
Spaß 1 Spaß 2 Spaß 3	Schnittmenge aus Spaß und Fähigkeiten	Fähigkeiten 1 Fähigkeiten 2 Fähigkeiten 3

Tabelle 2: Integrationsberufung ermitteln

Die obige Tabelle gibt Hilfestellung, die eigene Berufung zu ermitteln, indem man wie dargestellt seine Spaßfaktoren und Fähigkeiten aufschreibt und miteinander verbindet.
Integration gelingt viel leichter, wenn jeder sich mit seiner Berufung in das Integrationsgeschehen einbringen kann. Ausgehend von der eigenen Berufung können eigene Wünsche und Ziele an die Integration formuliert werden.

Im Anhang ist ein Weg dargestellt, wie ein Berufsschüler Schritt für Schritt seine Berufung ermittelt, und auf dieser Basis, sein Bewerbungsprofil und sein Integrationsangebot herausarbeitet und bereitstellt.

Abi
Dai
Kulturen
Entdecken.
Interkulturelle
Erfolgsfaktoren.

4 Nehmen, was man möchte

Selbst entscheiden,was man will.

Als ich die Universität abgeschlossen habe, stand ich ohne Geld und ohne Arbeit vor dem Sozialamt in Marburg. Ich wollte schon hineingehen, da sagte mir meine innere Stimme: „Nein, du hast nicht studiert, um beim Sozialamt zu landen" Also machte ich kehrt und setzte mich nochmal in die Mensa und ging im Kopf durch, wofür ich studiert habe:

1. Ich habe studiert, um Banker zu werden.
2. Ich möchte mindestens 60.000 DM Brutto im Jahr verdienen,
3. um Urlaub und vielfältige Reisen
4. bis ins hohe Alter
5. mit meiner Frau und meinen 3 Kindern zu machen.
6. Darüber hinaus möchte ich politisch aktiv sein.
7. Ich möchte Vorbild für alle anderen Migranten sein. Den Weg voranschreiten, den sie sich nicht trauen. Migrant und Banker.

Das war meine Wunschliste, mit der ich nach Frankfurt kam. Ich steuerte direkt einen türkischen Feinkosthändler in der ehrwürdigen Frankfurter Großmarkthalle an und bat ihm ein Tauschgeschäft an: Ich organisierte für seine Oliven Marketing- und Verkaufsförderungsmaßnahmen im Rhein-Main-Gebiet und er unterstützte mich bei der

Wohnungssuche und gab mir Vorschuss.

Seine Oliven gehören jetzt in Deutschland zu den meistverkauften türkischen Marken. Meine Frau und ich konnten uns im Frankfurter Raum einrichten und schon bald hatte ich durch meine Marketingaktivitäten Kontakte zu Banken. Bis zum heutigen Tag hat sich das eine zum anderem gefügt. Ein Tauschgeschäft hat dazu geführt, dass ich folgendes erreicht habe:

1. Ich bin vom Arbeitersohn zum Bankmanager und Prokuristen aufgestiegen.
2. Mein Verdienst ist um einiges höher als das, was auf meiner Wunschliste stand.
3. Beruflich und privat habe ich viele Länder schon gesehen.
4. Es gibt fast kein graues Haar auf meinem Kopf (17.03.2012).
5. Mit einer wirklich tollen Frau habe ich drei wundervolle Kinder.
6. Politisch habe ich auf lokaler, Kreis- und Landesebene schon einiges für meine Partei bewirkt.
7. Viele sagen, ich bin ein Vorzeigemigrant. Das stimmt. Es freut mich, wenn meine Bewerbungstipps Früchte tragen.

Für die Dinge, die wir haben, tun und sein möchten, brauchen wir eine Wunschliste, die wir abarbeiten sollten. Um eine Wunschliste zu erstellen, geht man am besten wie unten beschrieben vor und ordnet die eigenen Wünsche zu den sieben angegebenen Bereichen zu.

1. Aufschreiben, was man möchte und diese visualisieren.
2. Hat eine Person etwas wichtiges, was man selbst haben möchte, dann ist ein Tauschgeschäft eine sehr gute Lösung.
3. Anfertigen einer 30-Punkte-Liste aufgeteilt nach drei persönlichen Bereichen,
   * die man gerne machen möchte

- die man gerne haben möchte,
- die man gerne sein möchte.

4. Hilfreich sind bei der Auflistung Fragen zur eigenen Ausgangssituation und zu dem, was man erreichen möchte.

Liste		
Nr.	Bereich	Fragen
1	Arbeit u. Karriere	Wo und was will man arbeiten?
2	Finanzen	Wie viel will man verdienen?
3	Regenration und Freizeit	Was sind Hobbys, mit wem und wie will man die eigene Freizeit verbringen.
4	Gesundheit u. Fitness	Ist man frei von Krankheiten, wird auf die körperliche Fitness geachtet?
5	Beziehungen	Wie sind die Beziehungen zur Familie, Freunden und Verwandten.
6	Persönliche Ziele	Will man zurück zur Schule und den Abschluss nachholen, oder eine Ausbildung vollenden? Ein Instrument spielen?
7	Gemeinschaftsbeitrag	In welcher Gemeinschaft möchte man leben? Was muss geschehen, damit diese perfekt ist? Welche besondere Rolle nimmt man selbst darin ein?

Tabelle 3: Wünsche in sieben Hauptlebensbereichen definieren

Abi
Dal
Kulturen
Entdecken.
Interkulturelle
Erfolgsfaktoren.

5 Fest an sich glauben.

Fest glauben, es ist möglich.

Ziele werden mit positiver Einstellung erreicht. Ist die Einstellung negativ, fehlt der Erfolg.

Der feste Glaube an das, was man werden, machen und haben möchte versetzt Berge. Wenn Unterstützer hinzukommen und an dieselbe Vision glauben, dann ist dies ein zusätzlicher Schub.

Als Kind und Jugendlicher habe ich immer im Kopf durchgespielt, dass ich als Erwachsener ein Architekt oder ein Anwalt bin. Mir war bewusst, das ich dafür studieren musste, und mir war klar als Gastarbeitersohn habe ich viele Hindernisse zu bewältigen.
Den ersten Dämpfer hat mir mein Klassenlehrer nach der Orientierungsstufe gegeben. Er hat mich für die Realschule empfohlen, obwohl ich den gleichen Notendurchschnitt hatte wie eine Mitschülerin, deren Vater Rechtsanwalt gewesen ist. Ich denke, mein Lehrer hat es einem Arbeitersohn nicht zugetraut, das Abitur zu machen. Ich habe das als ungerecht empfunden und meinen Vater gebeten, mich trotzdem am Gymnasium einzuschreiben. Er hat gesagt: „Junge, ich glaube an dich und du schaffst das auch". Er hat mich am Gymnasium angemeldet. Nach ein paar Monaten hat meine gymnasiale Deutschlehrerin gemerkt, in der deutschen Sprache hatte ich Nachholbedarf. „Du schaffst dein Abitur. Dafür müssen wir deine Sprachkenntnisse aufbessern.", hat sie mich aufgemuntert. Sie hat für mich Deutschnachhilfe organisiert. Ein Oberstufenschüler hat mir nach der Schule geholfen, die deutsche Grammatik zu beherrschen, Aufsätze zu schreiben und Zeitungen richtig zu lesen.
Mein Glaube an mich und meinen Traum zu studieren und der Glaube anderer an meine Visionen haben mir geholfen, Abitur zu machen und zu studieren.

Daher ist es an der Zeit, an sich und das eigene Vorhaben zu glauben. Es ist zielführender, eine negative Einstellung „Ich packe das nicht" mit positiver Erwartung „Ich packe das" zu ersetzen. Und ganz wichtig: Jemanden als Unterstützer finden, der an das eigene Projekt stark glaubt.

Abi
Dai

Kulturen
Entdecken.
Interkulturelle
Erfolgsfaktoren.

6   Selbstvertrauen ist der Pflasterstein des Erfolgswegs

Sich selbst vertrauen. Erfolg kommt mit Selbstvertrauen, dessen Basis die eigene Berufung ist.

Selbstvertrauen resultiert aus den Anforderungen denen man mit den eigenen Fähigkeiten gegenübersteht. Sind die Fähigkeiten für die Anforderungen nicht ausreichend, dann ist man überfordert. Daraus ergibt sich ein negatives Selbstvertrauen. Liegen die Fähigkeiten jedoch erheblich über den Anforderungen, so kann sich daraus ein übersteigertes Selbstwertgefühl bis zur Überheblichkeit und Angeberei entwickeln, was viele Menschen ablehnen.

Migranten leben oft in großen Familien mit mehreren Generationen zusammen. Darauf sind sie stolz und zeigen dies übersteigert. Viele Deutsche nehmen dies als Überheblichkeit auf und fühlen sich bedroht, weil sie sich von der Großfamilientradition verabschiedet haben. Diese Konstellation überfordert sie. In Sachen Großfamilien haben Migranten ein übersteigertes Selbstwertgefühl. Den Deutschen mangelt es an Fähigkeiten und Kenntnissen mit Großfamilien umzugehen, um selbstbewusst mit diesen Gruppen zu interagieren. Für die Migranten wiederum bedeutet ein individuelles Leben Einsamkeit. Sie sind im Umgang mit Einsamkeit überfordert. Die Folge ist, Deutsche und Einwanderer vermeiden den Kontakt miteinander, um die jeweilige Überforderung auszuschließen. Für das Integrationsgeschehen bedeutet dies nichts Gutes: Keiner der beiden geht im Integrationsgeschehen mit Selbstvertrauen aufeinander zu.

Die Grundlage für einen selbstbewussten Umgang mit sich und dem Zugewanderten/ Nichtzugwanderten bildet sich im Laufe des Integrationsgeschehens aus. Zum einen über das Spüren von Wirkungen, die beim Einwanderer/Nichteinwanderer zu positiven wahrgenommenen Gefühlen führen. Ein Beispiel das bei beiden Seiten ein positives Gefühl ausgelöst hat, ist die deutsche Fußballnationalmannschaft,in der Fußballer mit unterschiedlichsten kulturellen Hintergründen ihren Beitrag für einen erfolgreichen deutschen Fußball einbringen, und dies von beiden Seiten wohlwollend honoriert und anerkannt wird.

Selbstsicherheit geben Wertschätzung und Anerkennung. Wenn man von anderen Anerkennung und Wertschätzung erwartet, dann sollte man diese dem Gegenüber ebenfalls geben (Kantsches Prinzip). Was ich meine, möchte ich am folgenden Beispiel verdeutlichen:

Anerkennung	Gastarbeiter	Deutscher Nachbar
Geringschätzung	Die Deutschen haben uns für Müllarbeiten geholt.	Die Gastarbeitergeneration ist eine verlorene Generation.
Wertschätzung	Danke, für die Möglichkeit, in Europa und in Deutschland arbeiten zu dürfen.	Danke, dass Sie gekommen sind und bleiben, um Deutschland weiterzuentwickeln.

Tabelle 4: Geringschätzung und Wertschätzung

Vorbilder spielen in der Entwicklung von Selbstvertrauen und Selbstsicherheit eine wichtige Rolle. Die Bundesrepublik hat in den letzten zwei Jahren zwei unterschiedliche Vorbildfunktionen abgegeben:

1. Der aktuelle Innenminister Friedrich hat eine Studie so interpretiert, dass jugendliche Migranten keine Integrationsfähigkeit haben. Dies nimmt jedem jungen Menschen aus Einwandererfamilien jede Selbstsicherheit im Integrationsgeschehen.

2. Der Ex-Bundespräsident Christian Wulff hat mit einem einzigen Satz vielen Einwanderern Selbstwertgefühl gegeben: „Der Islam gehört zu Deutschland".

Die Möglichkeit zu haben, das Integrationsgeschehen auf Augenhöhe mitgestalten zu dürfen, wird meist durch Gesetze und Regelungen verhindert z.B. durch das Fehlen eines Kommunalwahlrechts für Ausländer aus nicht EU-Staaten. Das Augenhöhenprinzip können die Migranten in vielen Fällen jedoch nicht selbst durchsetzen, weil ihnen das Können fehlt, obwohl sie das Dürfen haben. Es ist wie bei einer Vater-Sohn-Beziehung: Sohn wird Erwachsen, Vater lässt zu, dass er erwachsen wird. So kommen Sie auf Augenhöhe.

Der Psychologe Nathaniel Branden hat "sechs Säulen des Selbstwertgefühls" gebildet:

Säulen	Für Integrationsgeschehen
bewusst Leben	Sich bewusst machen, dass in Deutschland unterschiedliche Kulturen Leben und sich darauf einstellen.
sich selbst annehmen	Sich der eigenen Kultur bewusst sein.
das Leben eigenverantwortlich Leben	Das eigene Leben im Integrationsgeschehen selbst in die Hand nehmen.
selbstsicheres Auftreten	Keine Angst zeigen. Angst hemmt. Einfach auf den anderen zugehen.
nach festgelegten Zielen leben	Aus eigener Sicht einen Zielkatalog für die Integration entwickeln.
Aufrichtigkeit und Anständigkeit	Anständig und korrekt sein und mit anderen Menschen fair umgehen.

Tabelle 5: Säulen des Selbstwertgefühls

Aus der obigen Tabelle leiten sich folgende Prinzipien für die Weiterentwicklung des Selbstvertrauens ab:

1. Der Glaube an sich selbst ist eine Erziehungssache, was zur Gewohnheit werden sollte.
2. Vergessen, was in der Vergangenheit war. Die Vergangenheit belastet das Selbstvertrauen.
3. Positive Selbstgespräche führen, die Dinge im hellen Licht visualisieren, ständig am Selbstvertrauen üben.
4. Um auf Augenhöhe im Integrationsgeschehen mitzukommen, sollte man das „Ich kann nicht" aufgeben. Sich mit dem einbringen, was man ist, was

man kann und/oder was man hat.

5. Sich Integrationsziele festlegen, die man mit den eigenen Fähigkeiten erreichen kann. Die Erfolgserlebnisse werden einen in der interkulturellen Interaktion selbstsicherer machen.

6. Was andere über die eigene Person sprechen, ist unerheblich; das was man selbst über sich denkt und sagt, ist maßgeblich.

7. 90% der Zeit beschäftigen sich die Menschen mit ihren eigenen Herausforderungen.

8. Immer anständig und aufrichtig bleiben, das gegebene Wort einhalten, was jeden Menschen, Migrant oder Nichtmigrant, freuen wird. Ich zitiere den früheren Bundesfinanzminister Theo Waigel: „Wort ist Währung". Sich ständig über Gesetze und Regelungen informieren und danach verhalten.

Abi
Dal

Kulturen
Entdecken.
Interkulturelle
Erfolgsfaktoren.

7 Integration positiv sehen.

Im Negativen das Positive sehen!

Wenn man im Integrationsgeschehen etwas Negatives erlebt hat, dann sollte dies analysiert und immer danach Ausschau gehalten werden, ob man etwas Positives daraus für sich gewinnen kann. Im Negativen liegt auch Positives, d.h. denkt man wie ein Paranoid umgekehrt, wird man positive Resonanz bekommen.

Aspekt	Negativ	Positiv
Viele Sprachen	Ich verstehe nur Kauderwelsch.	Ich lebe in einer polyglotten Umwelt.
Viele Kulturen	Ich bin umringt von lauter fremden Kulturen.	Meine Umwelt ist reich an Kulturen.
Moschee im Viertel Der Islam verdrängt das Christentum.	In meinem Viertel ist das Nebeneinander verschiedener Kulturen möglich.	
Musik	Es gibt keine deutschen Lieder mehr.	Neue Reize sind ein gutes Training für das Gehör.
EinwanderungEinwanderer nehmen unsere Arbeitsplätze weg,	Amerika profitiert wirtschaftlich von Einwanderung. Wir brauchen ein Einwanderungsgesetz.	Soziale Systeme
Einwanderer plündern unsere Sozialsysteme.	Einwanderung kann das System am Laufen halten, es kann die Ursache für das Anpacken aufgeschobener Strukturreformen sein.	
Neues, Veränderung	Veränderung ist Störung	Veränderung bringt Fortschritt, unsere Marktwirtschaft und unsere Wettbewerbsordnung leben von Veränderung.
Schüler mit verschiedener Abstammung	Es gibt keine einheitliche Kultur mehr.	Unterschiedliche Kulturen in einem begrenzten Raum fördern die interkulturelle Kompetenz.

Tabelle 6: Integration positiv sehen

Das Prinzip der Resonanz ist: Das was man in den Wald hinein schreit, bekommt am tausendfach zurück. Ich persönlich lebe nach diesem Gesetz. Man bekommt das, was man denkt, sagt und/oder tut über verschlungene Wege mehrfach zurück.
Daher versuche ich in jeder Situation ein halbvolles Glas zu sehen. Die positive Einstellung erleichtert es mir, die halbvollen Dinge zu vervollständigen, denn psycholo-

gisch gesehen ist schon etwas da, auf das man aufbauen kann. Sieht man die Dinge jedoch wie ein halbleeres Glas, dann beginnen wir psychologisch von Anfang an.

Die Statistik sagt 15% der muslimischen Jungen sind integrationsunwillig. Für den amtierenden Innenminister ist dies der Weltuntergang. Für mich bedeutet es, 85% der Jungen wollen sich integrieren. Hier ist das Glas mehr als halbvoll. Auf diesen 85 % integrationswilligen Jugendlichen können wir aufbauen.

Wir sollten positiv durch das Leben gehen. Wir sollten uns Gedanken machen, was alles positive im Integrationsgeschehen steckt oder die Dinge betrachten, die für einen selbst bis jetzt ein negatives Dasein führten, im positiven Licht zu sehen.

Hat man z.B. mit Menschen aus dem Mittelmeer zu tun, dann kann man sie nach Hilfe bei der Organisation des Urlaubs bitten. Es trägt Früchte darüber nachzudenken, was für einen positiven Effekt die Begegnung mit einer anderen Kultur für das eigene Leben haben könnte. Man kann ein Tauschgeschäft eingehen: Man könnte dem Migranten deutsch beibringen und der Spanier bringt einem selbst z.B. Spanisch oder Flamenco bei. Wenn man positiv lebt, strahlt man positives Lebensgefühl aus und zieht positives Lebensgefühl an.

Man kann jetzt beginnen, das Leben positiv zu leben, die Integration positiv wahrzunehmen. Hierbei unterstützen folgende Maximen das positive Vorgehen:

- Stets daran Denken: Die Welt will Gutes tun, anstatt immer das Gegenteil zu denken. Was immer auch geschieht, es wird sich zum Guten wenden.
- Jedes negative Ereignis trägt die Saat eines gleichen oder noch größeren Nutzens. Jedes negative Ereignis ist auch eine Chance.
- Der beste Ansatz ist: Jede Erfahrung ist eine Chance. Das Gute ist kein Zufall, es schwirrt in der Umwelt herum. Und wir sollten Mut haben, danach zu greifen.
- Eine Notiz im Notizbuch, Handy, Organizer oder Computer: „Welche Chance liegt hier drin?" kann helfen, positiv zu bleiben. Sich jeden Tag laut und deutlich sagen: „Ich glaube, die Welt wird mir heute Gutes bescheren. Ich kann gar nicht abwarten, was es ist."

8 Integration braucht Ziele

Mit Zielen das Integrationsgeschehen steuern.

Erfolg bedeutet das Erreichen eines festgelegten Zieles. Ohne ein festgelegtes Ziel ist Erfolg nicht möglich. Jeder Start sollte ein Ziel haben.
Als Bankcontroller habe ich ständig mit Zielen zu tun. Der Erfolg meiner Bank bemisst sich an den vorgegebenen Zielwerten. Der Vorstand legt auf höchster Ebene das Gesamtziel des Konzerns fest. Dieses Gesamtziel wird dann auf Konzernteile heruntergebrochen, die diese sukzessive auf ihre Untereinheiten aufteilen, bis jeder einzelne Beschäftige ein Ziel hat und so ein Teil des Ganzen ist.
Es sind SMARTe Ziele (Specific Measurable Accepted Realistic Timely), d.h. sie sind spezifisch, messbar, akzeptiert, realistisch und terminiert.
Wenn die Ziele feststehen, werden analog der Zielverteilung Maßnahmen zur Zielerreichung geplant.

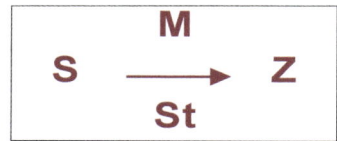

Zum Ziel hin steuern

S=Start,

Z=Ziel,

M=Maßnahmen,

St=Steuerung/Messen

Das kleine, vereinfachte Modell bewirkt Wunder im Integrationsgeschehen, wenn man es anwendet. Mit Hilfe dieses Modells kann man planen, was man im Integrationsgeschehen wie bis wann erreichen will. Mit der Definition von Integrationszielen und deren konsequenter Verfolgung kann man Einfluss auf das Integrationsgeschehen nehmen, und es so steuern, wie man sich seinen Integrationsweg vorstellt.
SMARTe Ziele sind z.B.:

- Ich möchte innerhalb eines Jahres die 2.000 wichtigsten deutschen Vokabeln beherrschen.

- Innerhalb von zwei Jahren, also bis zum 31.12.2014, möchten wir den Anteil der Menschen mit Migrationshintergrund von derzeit 8% auf dann 16% in unserem Betrieb/Verein steigern.

- In diesem Jahr möchten wir die Anzahl der muslimischen Kirchenbesucher pro Woche auf 5 bringen.

- Bis zum 31.06.2013 möchte ich das Grundgesetz lesen und verstehen.

Zielformulierungen sind Anweisungen an das Gehirn. Das Gehirn braucht klare und positive Anweisungen für die Umsetzung eines Vorhabens. Daher sind bei der Formulierung von Zielen folgende Tipps hilfreich:

Ziele positiv formulieren: Für das Gehirn ist es unmöglich, etwas Negatives umzusetzen.

Beispiel „Denke nicht an eine Frau mit Kopftuch". Dein Gehirn wird versagen, es wird an an eine Frau mit Kopftuch denken. Das Gehirn kann mit den Worten „nicht" und „kein" nichts anfangen. „Denke an eine Frau mit offenen Haaren" ist für das Gehirn eine klare und positive Anweisung.

Visionen, Wünsche und Berufung sind die Basis für spezifische und messbare Ziele. Ziele werden erreicht, wenn sie sich ständig bewusst macht und mit Gewissheit abarbeitet.

Ziele leiten das Denken, setzen leise Energie frei und inspirieren Hoffnungen und Erwartungen.

Das Gehirn ist ein Ziel suchender Organismus. Egal welches Ziel s bekommt, es wird Tag und Nacht daran arbeiten, um es zu erreichen. **Das Gehirn braucht deshalb große Ziele.**

Das Gehirn arbeitet SMARTe Ziele besser, denn es braucht spezifische und messbare Ziele, mit vagen Beschreibungen kann es nicht viel anfangen. Konkret formulierte Ziele (Zeitpunkt, Ort, mit wem, Farbe, Form, Länge, Höhe usw.) akzeptiert das Gehirn besser und arbeitet mit voller Kraft daran, diese zu erreichen. Das Gehirn hat es leicht, Ziele zu akzeptieren, wenn diese realistisch formuliert sind. Die Formulierung darf keine Überforderung oder Unterforderung für das Gehirn darstellen, sonst blockiert es. Das Gehirn braucht Zeit, um die vorgegebenen Ziele zu erreichen. Ein fester Termin für die Zielerreichung spornt das Gehirn an, zu dem vorgegebenem Datum Ergebnisse zu liefern.

Ziele sollten immer abrufbar sein, daher sollten sie schriftlich niedergeschrieben werden. Ziele im Detail können im Notizbuch, Organizer oder PC festgehalten werden, damit das Gehirn immer nachschauen und sich bewusst machen kann, woran es arbeiten muss.

Ohne Ziele wird Integration fehlschlagen. Als Orientierung dient **ein Durchbruchsziel. Mit geschlossenen Augen kann man das Erreichen dieses wichtigen Ziels ständig wie ein Film vor sich abspielen, um sich vollkommen darauf zu fokussieren.**

Man erreicht die gesteckten Ziele, wenn man jeden Tag daran arbeitet. Das Verlangen es zu realisieren, wird von Tag zu Tag steigen. So steigt im Gehirn die strukturelle Anspannung, die Lücke zwischen aktuellem Zustand und der Zielvision zu schließen. Tägliches Lesen von Fachartikeln und Visualisierung steigern die Anspannung zusätzlich, was zu mehr Motivation und Kreativität führt. Es stärkt das Bewusst-

Abi
Dai
Kulturen
Entdecken.
Interkulturelle
Erfolgsfaktoren.

sein, die eigenen Ressourcen zielorientiert einzusetzen.

Ziele sollten, so oft es geht, überprüft werden, um Erfolg und Misserfolg festzustellen und sie nicht aus den Augen zu verlieren. Dafür können Ziele in ein Notizbuch, auf einer Visitenkarte, auf einem Handy oder PC notiert werden. Sie sollten 3-4mal am Tag durchgeschaut werden. Eine Geldbörse bietet die Möglichkeit, die wichtigsten Ziele bei sich zu tragen.

Ein Ziel ist für das Gehirn zu wenig, eine Zielliste dient als Orientierung im komplexen Integrationsgeschehen. Wird ein Ziel erreicht, kann dahinter ein „OK" vermerkt werden .

Den Zielfindungs- und Zielsetzungsprozess im Integrationsgeschehen behindern in der Regel 3 Dinge: Bedenken, Angst und Stolpersteine. Man sollte diese 3 Dinge immer im Bewusstsein halten und sich mit ihnen beschäftigen. Je mehr man sich mit ihnen beschäftigst, desto mehr wird man für sie eine Lösung finden. Gerade die Bedenken anderer sollte man in den Wind schlagen. Zu diesen 3 Hindernissen gehören z.B.: „Was sagen meine Freunde, wenn ich mich mit Ali treffe.", „Was sagen meine türkischen Eltern bloß, wenn ich mit einem Deutschen heirate, das kann ich Ihnen nicht antun.", „Die deutsche Sprache ist so schwer, ich werde es nie schaffen, sie zu sprechen". Fehlen diese 3 Dinge bei der Zielsetzung, dann werden falsche oder zu kleine Ziele gesetzt. Man sollte dann von vorne anfangen, um ein Durchbruchsziel zu setzen.

Nachdem man sein Durchbruchsziel erreicht hat, wird man die Dinge anders sehen und angehen. Man wird das komplexe Integrationsgeschehen lösungsorientiert anpacken. Von diesem Zeitpunkt an ist man in der Lage, alle Integrationsbemühungen positiv zu gestalten.

9 Integrationsziele herunter brechen

Aus einem großen mehrere Teilziele machen!

Das Ziel „Integration" ist für den einzelnen ein sehr schwer zu verdauender Brocken. Es ist zu überwältigend. Der einzelne wird von diesem Megageschehen einfach überrannt. Das Integrationsgeschehen lähmt sowohl die integrierende als auch die zu integrierende Seite. Was kann dagegen getan werden?
Das Integrationsgeschehen ist sehr komplex, spielt sich in vielen (Lebens)Bereichen ab.
In der Identifikation dieser Felder und in der Unterteilung des Integrationsgeschehens in diese Felder liegt die Lösung: Das ganz große Integrationsziel wird in kleine erreichbare Teilziele heruntergebrochen. Wenn es notwendig ist, werden diese mehrfach herunter gebrochen.

Die Ziele sind in kleine erreichbare Schritte aufzugliedern, dabei dienen die wichtigsten Teilziele als Meilensteine auf dem Weg zum Ziel.

Schritte wagen

Es gibt verschiedene Möglichkeiten, die Schritte zu bestimmen, wie man gehen muss, um das Integrationsziel zu erreichen. Einer besteht darin, sich Rat von Menschen zu holen, die ein solches Ziel erreicht haben. Es ist sehr hilfreich, sie zu fragen, welche Schritte sie gegangen sind. Sie werden die wichtigsten Teilziele nennen und auf mögliche Fehler oder "Fallen" hinweisen können.
Eine andere Möglichkeit besteht darin, ein Buch zu kaufen, das jemand geschrieben hat, welches den Prozess beschreibt.

Was aber, wenn man ein neues Terrain betritt und niemanden findet, der diese Ziele bereits erreicht hat? Dann wendet man einen Prozess an, der sich in der Technik wie auch im Militärwesen vielfach bewährt hat. Man beginnt vom Ende. Dazu stellt man sich mit geschlossenen Augen vor, dass Ziel bereits erreicht zu haben. Dann schaut man zurück und fragt sich, welche Schritte notwendig waren, um dieses Ziel zu erreichen. Es kann erforderlich sein, wirklich jeden einzelnen Schritt aufzuschreiben. Folgende Frage zu stellen, ist unerlässlich: Was war der letzte Schritt, den ich gehen musste, um dieses Ziel zu erreichen". Dieselbe Frage ist dann nochmal zustellen: "Was war der letzte Schritt, den ich gehen musste, um dieses Teilziel zu erreichen." Dieser Prozess führt sicher zum Ziel. Ich habe ihn schon mehrfach angewandt, wenn ich nicht die geringste Ahnung hatte, wie ich ein bestimmtes Ziel erreichen konnte. Das habe ich zum Beispiel bei dem Kauf eines Taxiunternehmens angewandt. Insbesondere, wenn man völliges Neuland betritt wird man mit dieser Methode Erfolg haben. Sie beansprucht nicht viel Zeit und am Ende fühlt man sich viel besser, weil aus einem unerreichbar scheinenden Ziel ein Weg aus erreichbaren kleinen Schritten wurde.

Man sollte am besten sofort beginnen und die zuvor gesetzten Ziele in Teilziele wie

unten dargestellt untergliedern.

1. Das große Ziel in kleinere leicht zu erreichende Teilziele aufteilen. Fängt mit dem Ziel an, den man am einfachsten erreichen kann.
2. Spuren anderer Menschen folgen: Andere sind den gleichen oder ähnlichen Weg vorher gegangen. Man kann diese Personen fragen, oder im Internet darüber recherchieren oder dazu Bücher lesen.
3. Sich vorstellen wie man über das Ziel geht. Gedanklich geht man die notwendigen Schritte dorthin durch.
4. Sich bewusst sein, es ist normal andere zu fragen. Nicht zu wissen und nicht zu fragen, hält klein. Meist sind die Antworten frei zugänglich, in einigen Fällen muss man zahlen. Wenn dies das Ziel näher bringt, dann gibt man das Geld gerne aus.
5. Es sollte zur Gewohnheit werden, folgende drei Fragen immer zu stellen:
6. „Kannst du mir sagen, wie das geht...?"
7. „Was muss ich dafür tun...?"
8. „Wie hast du es gemacht...?"
9. Fragen und recherchieren bis man einen konkreten Aktionsplan hast.

Gute Werkzeuge sind kostenlose MindMap-Programme aus dem Internet. Eine Liste dazu findest du im Anhang.

10 Integrationsspuren folgen.

Kein Mensch ist ohne Spuren.

Menschen, die sich erfolgreich integriert haben, haben Spuren hinterlassen. Man kann ihnen folgen, entsprechende Bücher dazu lesen. Am effektivsten ist es, zu ihnen zu gehen und sie nach ihrem Erfolgsgeheimnis zu fragen. Menschen, die sich erfolgreich eingegliedert haben, sind offen für Fragen und geben gerne ihre Erfahrungen weiter. Nicht umsonst schreiben diese Menschen Bücher, denn sie wollen ihre Erfahrungen teilen. Auch kleinere Büchereien führen Biographien, Autobiographien und ähnliche Exemplare. Während des Lesen kann man sich die Notizen machen und überlegen, ob es zu den eigenen Vorstellungen und Zielen passt. Wenn sie zu einem passen, dann adaptiert man die Erkenntnisse auf das eigene Leben.

Menschen, die zu den eigenen Vorstellungen passen, kann man zu Vorbildern machen oder zumindest das Beste von Ihnen für sich herausnehmen. In Deutschland gibt es mittlerweile sehr viele erfolgreiche Menschen mit interkulturellem Hintergrund, die in gesellschaftlich angekommen sind.

Kaya Yanar, Bülent Ceylan, Cem Özdemir, Philip Rösler sind einige prominente Menschen, die es ganz nach oben gebracht haben. Ich bin mir sicher in der eigenen Nachbarschaft gibt es einen Eingewanderten der im Beruf, Sport, Musik oder Kunst in Deutschland zu etwas gebracht hat. Man kann ihn nach seinen Erfolgsfaktoren fragen.

Deutsche Volkshochschulen sind auf der Welt einzigartig. Sie sind eine sehr gute Möglichkeit, sich wichtige Integrationsimpulse zu holen. Der Besuch einer Volkshochschulseminare kann das Wissen über Deutschland andere Kulturen erweitern. Man sollte konsequent die angebotenen günstigen Möglichkeiten nutzen.

Es gibt immer jemanden, der das gleiche wie man selbst gemacht und dabei Spuren hinterlassen hat. Die drei Wege des Spurenlesens sind:

- Einen Lehrer finden, Coach, Mentor; ein Buch, eine Internetseite, was einen bei Erfüllung der Integration leitet.
- Jemanden finden, der schon erfolgreich eine Integration abgeschlossen hat und dieser Person Fragen stellen, wie man sich am besten integrieren kann.
- Dieses Vorbild fragen, ob man ihn für eine Zeit begleiten kann. Regelmäßige Besuche und Essenstermine zu vereinbaren ist sehr hilfreich.

Abi
Dal
Kulturen
Entdecken.
Interkulturelle
Erfolgsfaktoren.

11 Über die Kulturzone hinaus schauen

Sich entfesseln und die Kulturbremse lösen!

Man sollte die Bremsen loslassen, die man in der Erziehung erhalten hat, sich aus der engen Kulturzone befreien und diese erweitern.

Eine enge Kultur ist wie ein Gefängnis, in dem man wie in einem großen selbstgemachtem Gefängnis lebt. Es besteht aus Sammlungen wie „du kannst nicht", „du musst" oder „du darfst nicht". Mit diesen Sammlungen hat man gelernt, sich selbst zu limitieren.

Ein Elefant macht als Baby die Erfahrung, egal wie stark er an der Leine zieht, er kommt nicht weiter. Also unterlässt er in seinen Entwicklungsphasen, sich von derselben Leine loszureißen, obwohl seine Kraft zugenommen hat. Die Babyerfahrung sorgt dafür, dass der ausgewachsene Elefantenbulle sich nicht traut, die Leine loszureißen. Den Leineneffekt nutzen die Elefantenbändiger für die Begrenzung des Aktionsradius des Elefanten: Nicht auf die Dicke der Leine kommt es an, sondern auf ihre Reichweite. Die Reichweite der Leine bestimmt den Aktionsradius des Elefanten.

Übertragen auf das Integrationsgeschehen ist der begrenzte Aktionsradius mit einem engen Kulturradius gleichzusetzen. Es gibt Wege, einen anerzogenen Kulturradius zu verlassen. Man kann die in der Erziehung angelegten engen Kulturleinen lockern oder verlängern. Die eigene Kultur ganz verleugnen, macht keinen Sinn. Es führt nur zum Identitätsverlust.

- Bestätigungen und positive Selbstgespräche verankern, was man haben, was man tun und wie man sein möchte. Hierzu ist der Ausbau der Kultur(Reichweite) ein sehr gute Lösung.

- Sich bildhaft vorstellen, wie man die eigene Kultur mit denen anderer kombiniert. Eine Kulturerweiterung, die sich in Deutschland erfolgreich durchgesetzt hat, ist: Dönerkebap mit Krautsalat.

- Etablierte Einstellungen und Verhaltensweisen zu der Kultur anderer Personen können bei der Kulturerweiterung Hindernisse darstellen. Man kann diese ändern und neue lernen. Wenn ich mich in einer fremden Kultur aufhalte, besuche ich z.B. die Glaubensstätte dieser Kultur immer. Ich bin gerne in Kirchen, weil mir Kirchenarchitektur sehr gefällt. Daher gehe ich in jeder Stadt, in die ich komme, in eine Kirche und spende für die Architektur.

Ich höre viele Türken und Muslime sagen, alle muslimischen Länder sind erfolglos, denken nur an sich selbst und wollen ihre Ziele mit Gewalt durchsetzen. Diese Denkweise ist falsch, denn sie macht die Kultur aus der man selbst entstammt, negativ. Eine negative Umgebung strahlt auf die eigene Person aus, was zu Minderwertigkeitskomplexen, Fatalismus, Radikalität und/oder Resignation führen kann. Diesen Persönlichkeitszustand spüren zwangsläufig Mitglieder anderer Kulturen, was das Aufeinanderzugehen schwieriger macht. Selbstbewußtsein und Akzeptanz setzen sich fest, wenn man über die eigene Kultur und über die Kultur des anderen positiv

spricht. Denkt man positiv über das Christentum, das Judentum, den Islam oder andere Religionen, so strahlt man positive Signale für die eigene Kultur aus. Es wird leichter sein, Dinge von sich in die Integration einzubringen und damit akzeptiert zu werden.

Nr.	Punkt
1	Sich ständig sagen: „Ich bin interkulturell...."
2	Gegenwartssprache/Form nutzen. Falsch: Ich werde interkulturell denken. Richtig: Ich denke interkulturell.
3	Bestätigungen positiv formulieren.
4	Halt es kurz, wie ein Werbeslogan
5	Formulierungen spezifisch/konkret halten, vage Aussagen bedeuten vage Ergebnisse.
6	In der Jetzt-Form bleiben, d.h. das aktuelle Tun betonen. „Ich besuche jetzt eine Moschee/Kirche."
7	Zum Schluss sollte ein dynamisches Gefühlswort eingebaut werden. genießen, spaßig, glücklich, feiern, feierlich, stolz, ruhig, friedlich, enthusiastisch, lieblich, sicher, triumphierend. „Ich besuche jetzt eine Moschee/Kirche und ich bin ruhig."
8	Die Bestätigungen sind persönliche Bestätigungen, sie beschreiben das eigene Verhalten.
9	Bestätigungen immer mit der Formel „etwas besseres"ergänzen: „Ich besuche jetzt eine Moschee/Kirche und ich bin ruhig oder mir widerfährt etwas Besseres."

Tabelle 7: Mit Bestätigungen aus der engen Kulturzone ausbrechen

Die eigene Kulturzone hat einen Regler, der Störfälle, die das Übertreten der Zone bedeuten, ausgleicht. Die anerzogene Kultureinheit wird damit gewahrt. Man kann diesen Regler außer Gefecht setzen, indem man sein Verhalten durch Selbstgespräche und Bestätigungen mit Hilfe der Punkte in der obigen Tabelle verändert.

Visualisierung

Ein anderer Weg Bestätigungen zu formulieren, um aus der Kulturzone heraus zu kommen, ist Visualisieren (Geschehnisse wie einen Film vor sich ablaufen lassen).

Nr.	Punkt
1	Sich bildhaft vorstellen, was man erreichen will. Die Dinge sehen, wie sie sein sollten. Man platziert sich mittendrin und sieht die Welt so mit den eigenen Augen. Mit einem Migrationshintergrund kann man sich z.B. vorstellen, dass man in einer Verwaltung als Beamter arbeitet.
2	Wenn man seine Vision erlangt hat, kann man Geräusche dazu hören. Man hört, wie alle um die eigene Person herum deutsch reden und etwas auf deutsch fragen. Und man antwortet in einem sauberen deutsch.
3	Man schließt die Augen, sieht sich in der eigenen Welt, hört die Geräusche dazu und empfängt die dazugehörigen Gefühle. Man genießt es als einer mit türkischen Wurzeln in einer deutschen Behörde als Beamter für Schulangelegenheiten zu arbeiten.
4	Beschreiben, was man erfährt in einem kurzen Statement inkl. Der Gefühle.
5	Wenn notwendig, überarbeitet man die Bestätigungen, um dem 9-Punkteplan gerecht zu werden.

Tabelle 8: Integration visualisieren

Um die Bestätigungen und die Visualisierung am effektivsten zu nutzen, geht man am besten wie folgt vor.

Nr.	Punkt
1	Man passiert 1-3mal die seine Bestätigungen Revue (morgens, mittags, vor dem schlafen gehen)
2	Wenn angemessen, ließt man alle Bestätigungen laut.
3	Man sieht sich in den Dingen im Mittelpunkt.
4	Man baut Geräusche, Stimmen und Musik hinein.
5	Wenn die Bestätigungen erfüllt sind, nimmt man die Gefühle wahr.
6	Die Bestätigung sollten nochmal laut ausgesprochen und der Prozess bei der nächsten Bestätigung wiederholt werden.

Tabelle 9: Schritte für Bestätigungen und Visualisierung

Es gibt weitere Wege Bestätigungen zu nutzen.

Nr.	Weg
1	Überall zuhause Postkarten mit Bestätigungen darauf verteilen. „Ich bin Beamter für Schulangelegenheiten"
2	Bilder von den Dingen aufhängen, die man haben, sein und tun möchte. Man kann Schulpläne erstellen.
3	Bei Zeitverschwendungen (Arztbesuch, Wartezeiten usw.) können Bestätigungen wiederholt werden.
4	Bestätigungen können aufgezeichnet werden und man spielt sie bei jeder Gelegenheit ab (Walkman, Mp3-Player usw.).
5	Den Eltern zuhören, ob sie etwas von der Bestätigung, ein Beamter für Schulangelegenheiten zu sein, wahrgenommen haben.
6	Bestätigung in 1., 2. Und 3. Person wiederholen, damit sie sich verankern.
7	Bestätigungen können als Bildschirmschoner benutzt werden.

Tabelle 10: Wege, um Integrationsbestätigungen zu nutzen

Folgt man den Anweisungen und so wird man sehen, Bestätigungen funktionieren. Gerade im Integrationsgeschehen braucht man Bestätigungen.

29

12 Die Kraft der visualisierten Integration.

„Ich habe einen Traum..." sagte einmal Martin Luther King.

Er hat die Gleichberechtigung von weißen und schwarzen Menschen in den USA vor Augen gehabt. Er hat diese Vision mit der amerikanischen Gesellschaft geteilt. Die US-Gesetze behandeln jetzt alle US-Bürger gleich. Die Vision von Martin Luther King hat die amerikanische Gesellschaft so verändert, dass heute ein Schwarzamerikaner Präsident ist.

„Du erntest, was du säst" heißt es in einem deutschen Sprichwort. Eine Umformulierung dieses Sprichworts verdeutlicht die Kraft der Visualisierung „Du bekommst, was du siehst".

Ich bin immer schon politisch interessiert gewesen. Als jugendlicher habe ich mir vorgestellt, die Zeitungen berichten darüber, wie ich in einer deutschen Partei die Marschroute vorgebe. Ich habe vor Augen gehabt, wie ich mit Parteifreunden die Belange meines Wohnortes bespreche, wie ich mit ihnen zusammen Kandidaten für Wahlen aussuche und Kampagnen organisiere. Und die Zeitungen sind immer dabei.

Mein Gehirn hat keine Ruhe gegeben, bis ich diesen Zustand erreicht habe. Beim Uni-Ableger meiner Partei bin ich Vorstandmitglied geworden, im Wohnort und auf Kreisebene habe ich auf Vorstandsebene Wahlkämpfe organisiert. Auch auf Landesebene in Baden-Württemberg habe ich in wichtigen Parteiorganen meine Gedanken eingebracht. Mein türkischer Name ist dabei immer in deutschen Medien erschienen.

Mit der baden-württembergischen Integrationsministerin im Gespräch

Mit digitalen Medien ist Visualisieren und die Verwirklichung der Vision noch einfacher. Heute kann jeder auf der Welt lesen und sehen wie ich mich in der deutschen Gesellschaft und Politik einsetze.

Der Prozess der Visualisierung läuft folgendermaßen ab:

Augen schließen und sehen, dass die Ziele mit den dazugehörigen Formen, Farben, Beteiligten, Stimmen, Geräuschen und Gefühlen (Stolz, Befriedigung) erreicht sind. Eine Fotomontage aus ausgeschnittenen Bildern verstärkt die Vision.

Meine Vorstellung, ich bin ein deutscher Politiker hat dazu geführt, dass ich meine Bewerbung an eine Bank, späterer Arbeitgeber, in Form eines Wahlplakates gestaltet habe. Ich habe mich als Wahlkandidat dargestellt. Ich bin eingestellt worden.

Man sieht eine Vision kann Wunder bewirken. Visualisierung wirkt wie ein Verstärker für das Bestreben, das Integrationsziel zu erreichen.

1. Visualisierung aktiviert die Energien des unterbewussten Gehirns.

2. Visualisierung fokussiert das Gehirn auf das, was man sieht.

3. Visualisierung ist wie ein Magnet. Es zieht Leute, Ressourcen und Möglichkeiten an, die man für seine Ziel im Integrationsprozess braucht.

4. Visualisierung verursacht eine Anspannung zwischen dem, was ist, und dem, was gesehen wird. Dieser Konflikt führt zu 3 Dingen.

   - Es programmiert das Gehirn auf die Zielerreichung.

   - Es aktiviert das Unterbewusstsein, Lösungen zu finden, um die Ziele zu erreichen (in der Dusche, Kino, Spazierengehen, Einkaufen, Sport usw.)

   - Es produziert neue Ebenen der Motivation. Man macht Dinge, die man vorher nicht gemacht hat.

13 Agieren, als ob man deutscher Staatsbürger ist.

Sich so verhalten, als ob man das Integrationsziel erreicht hat.

Wenn man sich ständig als Ausländer in Deutschland fühlt, dann strahlt man dieses Gefühl aus. Umgekehrtes Denken führt dazu, sich wie ein Deutscher zu fühlen.

Zur erfolgreichen Integration gehört das Denken, Fühlen, Sprechen und Handeln, als ob man das Ziel, deutscher Staatsbürger zu sein, erreicht hat.

Die Art und Weise wie man sich gibt, zieht entsprechende Menschen an. Kommt man sich z.B. zu ungebildet vor, um die Integration zu meistern, dann wird man sich mit ungebildeten Menschen umgeben. Spielt man jedoch einen gebildeten Menschen, wird das Verhalten so sein, um diesen Zustand zu erreichen. Man wird Bildungskurse und -veranstaltungen besuchen und sich in die Menge gebildeter Menschen mischen.

Dies ist das Gesetz der Anziehung. Erfolgreiche Menschen veranstalten und nehmen an Rollenspielen teil, d.h. an Veranstaltungen oder Feiern, auf denen jeder sich als seine eigene „Zielperson" verkleidet und verhält. Ist das große Ziel, ein erfolgreicher Verkäufer für Porsche zu sein, der 3 Porsches besitzt und eine Yacht auf den Bahamas hat, dann geht man als diese Person auf die Feier. Auf der Feier wird man wie dieser Verkäufer denken, reden, handeln und fühlen. Ist man ein Migrant und der größte Wunsch ist ein bekannter Politiker zu werden, dann versetzt man sich in die Rolle eines Politikers und handelt wie ein Politiker.

Auf dem Wirtschaftsstandort Nagold-Wolfsberg

Das Gesetz der Anziehung möchte ich im Folgenden verdeutlichen. In meinen politischen Aktivitäten habe ich gemerkt, Wirtschafts- und Migrationspolitik gefallen mir.

Die Verbindung beider Politikfelder ist spannend und nutzt allen Bevölkerungsgruppen, wenn die Politik richtig gemacht wird. Bei jeder politischen Veranstaltung, die ich besucht habe, habe ich mich als Berater für interkulturelles Wirtschaftsgeschehen vorgestellt und die entsprechende Visitenkarte ausgehändigt.

Eine Folge davon ist die Anfrage einer Hochschule gewesen, als Gastdozent über Integration von Bankkulturen im Rahmen von Fusionen und Erkenntnisse daraus für die Integrationspolitik zu referieren.

Ein wichtiges Politikfeld der aktuellen baden-württembergischen Regierung ist die Integrationspolitik. Im Rahmen der Koalitionsgespräche haben die Verhandlungspartner ihre Parteigremien nach integrationspolitischen Schwerpunkten für den Vertragsentwurf gefragt. Mit meiner Visitenkarte habe ich quasi die Grundlage dafür gelegt, ein Positionspapier zur Migrantenökonomie beizusteuern. Meine Gedanken sind ein Teil des Koalitionsvertrags.

Diesen Integrationserfolg habe ich angezogen, weil ich mich als Berater für interkulturelles Wirtschaftsgeschehen vorgestellt habe.

Man sieht, man zieht Integrationserfolg an, wenn man sich mit dem, was man erreichen will, vollkommen identifiziert und sich dementsprechend verhält.

14 Sich regen bringt Segen.

Aufstehen und aktiv Integrationsbemühungen unternehmen.

Integration gelingt nur dann, wenn man sich dafür aktiv einsetzt. Das Universum belohnt Bewegung. Unsere Erde dreht sich zum einen um sich selbst und zum anderen um die Sonne. Ohne diese Bewegungen gebe es keinen Tag, keine Nacht; die Menschen, Tiere und Pflanzen fehlten. Die Jahreszeiten wären nicht da. Es gebe kein Leben auf der Erde. Wir sind auf einer sich bewegenden Muttererde geboren. Die Bewegung liegt quasi in unserer Natur. Die Natur zeigt uns das eindrucksvoll, durch Bewegung werden unser Überleben (vor Hunger und Durst) und unsere Fortpflanzung garantiert.

Mit den Kindern in Bewegung

Bewegung wirkt und regt zur Bewegung anderer an. Bewegt man sich selbst, bewegen sich andere zu einem selbst hin. Erfolgreiche Menschen sind immer in Bewegung. Wenn man nichts unternimmt, passiert nichts. Man sollte nicht auf andere warten. Man ist selbst diejenige Person, die sich integriert.

Je früher man sich in Bewegung setzt, umso besser ist es, denn „der sich Regende erzieht Kinder, der Wartende Blumen."

Meine Frau und ich sind schon mehrere Jahre als Elternbeiräte in Kindergärten und Schulen sowie in Vereinen aktiv. Soweit wir es beruflich einrichten können, nimmt entweder einer von uns oder wir beide nehmen an den Elternabenden teil. Wir bekleiden diese Ämter, weil wir unserer Berufung folgen. In dem Wort „Folgen" ist Bewegung enthalten. Ohne Bewegung können wir die Ehrenämter nicht bekleiden, und die

Zukunft unserer Kinder mitgestalten. Es tut uns gut, uns für unsere Kinder zu bewegen und uns für sie einzubringen.

Ohne Bewegung ist Entwicklung, auch Erziehung, unmöglich, daher sollte man am besten von nun an verzichten, auf folgende Punkte zu warten:

- richtige Zeit
- mehr Selbstbewusstsein
- weniger Schmerzen
- Perfektionismus, perfekt deutsch können
- Befehle
- Risikolosigkeit
- Inspiration
- Erlaubnis
- erwachsene Kinder, die aus dem Haus und ihren eigenen Weg gehen
- einen Entdecker
- günstige Sternzeichen
- Rückversicherungen
- Mensch, der richtig ist.
- neue Administration, neue Gesetze

Zu einer erfolgreichen Integration gehört Glück. Das Glück liegt außerhalb der vier Wände. Es ist unmöglich, Glück zu finden, ohne sich zu bewegen, aufzustehen und die Tür aufzumachen und die Straße zum Glück zu gehen. Ihre Kinder werden es Ihnen danken, wenn sie der Einladung folgen und Schulelternabende besuchen.

15 Sich der Angst vor anderen Kulturen stellen

Angst erfahren und trotzdem handeln.

Angst ist natürlich. Sie hat die Funktion uns zu schützen, vor Risiken zu bewahren und uns vorzubereiten. Eine fremde, andersartige Kultur kann Unverständnis und Bedrohtheit verursachen.

Viele menschliche Ängste sind subjektiv und selbst gemacht. Der eine hat Angst vor dem Autofahren und genießt auf der anderen Seite das Schwimmen. Bei einem anderen Menschen ist es wieder genau umgekehrt.

Viele türkische Frauen der ersten und zweiten Generation verstehen deutsch. Sie haben lange Zeit davor zurückgeschreckt, deutsch zu sprechen. Sie haben Angst gehabt, falsche Wörter zu wählen, die Sätze falsch aufzubauen, ausgelacht zu werden. Diese Sprachangst hat es schwer gemacht, gute und gutbezahlte Arbeitsstellen zu finden. Ihre Furcht, etwas Falsches zu sagen, hat sie in Reinigungsjobs geführt.

Meine Erfahrung zeigt, Frauen, die den Mut aufbringen, deutsch trotz inkorrekter Grammatik zu reden, haben gute Jobs. Sie profitieren vom Korrekturfeedback der Nichtmigranten und erlangen auf diese Weise einen Integrationsvorteil.

Ich habe für 6 Monate mich intensiv mit italienisch beschäftigt. Ich habe Grammatik gelernt, Vokabeln gepaukt und jede Gelegenheit genutzt, Italiener auf italienisch anzusprechen. Ich bin überrascht gewesen, wie sich die Italiener über mein Interesse gefreut und wie hilfsbereit sie mich korrigiert haben. Ich ermutige mich selbst, bei jeder Gelegenheit italienisch mit unvollendeter Grammatik zu reden. Über den Korrekturbedarf kommen beide Seiten ins Gespräch, womit ich meine Griechischkenntnisse aufbessere. Mut tut gut.

Nr	Schritt	
1	Man stellt sich vor, besser gesagt, man findet heraus, was einem Angst macht.	Man hat Angst, deutsch zu sprechen.
2	Positiv an das Gegenteil denken.	Man hat Mut, deutsch zu sprechen.
3	Körperliche Anspannung, die die Angst mitbringt mit Mut, Selbstbewusstsein, Ruhe und Spaß ersetzen.	Man ist mutig, selbstbewusst, ruhig und hat Spaß, wenn man deutsch spricht.
4	Man erfährt Angst und handelt trotzdem.	Man hat Angst, falsche Sätze zu sagen, aber man spricht trotzdem auf deutsch weiter.
5	Man kann sich daran erinnern, wie die Angst einmal besiegt hat.	Vielleicht können der Partner, Freunde die zu haltende Rede filmen oder aufnehmen, was man dann gemeinsam nachbereitet.
6	Kleine Schritte minimieren das Angstrisiko.	Zuerst spricht man Deutsch in der Familie, dann mit den Freunden und Eltern der Kinder, danach bei Freunden und Fremden..
7	Langes Zögern verlängert die Angst. Lieber ein Ende mit Schrecken als ein Schrecken ohne Ende. Der beste Weg ist daher der Sprung ins kalte Wasser.	Einfach deutsch reden, je schneller man anfängt deutsch zu reden, desto zügiger bezwingt man seine Angst.
8	Nicht nachdenken, einfach machen	
9	Man sollte versuchen, alles für seinen Traum einzusetzen.	
10	Es ist die eigene Herausforderung, die man selbst angehen sollte. Ein anderer Mensch kann einem die Angst abnehmen.	

Tabelle 11: Der Prozess der Angstbewältigung läuft in 10 Schritten ab; deutsche Sprache als Beispiel

Um im Leben weiterzukommen bzw. sein Ziel zu erreichen, muss jeder den Willen haben, die Angst zu spüren und dieser sich stellen. Am besten ist, man konfrontiert sich mit seiner Angst, spürt sie und handelt trotzdem.

Hat man einmal eine Angst bewältigt, dann geht man an größere Herausforderungen ganz anders heran. Viel positiver, mutiger, selbstbewusster, mit mehr Freude wird man diese anpacken.

37

16 Unentwegt Fragen bringt die Integration voran.

Jede Gelegenheit zum Fragen nutzen.

Etwas nicht zu wissen, ist keine Schande. Wenig zu wissen, aber nicht zu fragen, bringt keinen weiter, man bleibt immer hinter seinem möglichen Wissenshorizont. Ohne Wissen ist Integration unmöglich.

Jemand anderen zu fragen, ist der einfachste und günstigste Weg, etwas zu lernen, in Erfahrung zu bringen. Der Grund, warum es vielen Menschen schwerfällt, Fragen zu stellen, ist die Angst, ein „Nein" zu bekommen oder keine Antwort zu erhalten.

Es ist nicht schlimm, wenn man ein „Nein" bekommt. Die eigene Situation ist vor und nach dem „Nein" die gleiche. Man hat nichts verloren. Wenn man aber trotz der Möglichkeit eines „Neins" fragt, und es kommt ein „Ja", dann erfährt man eine positive Veränderung.

Nr.	Technik	Beispiel
1	Man gestaltet die Frage so, dass die erwartete Antwort kommt.	„Wann haben Sie Zeit mit mir eine Bewerbung zu schreiben?"
2	Man überlegt im Vorfeld genau, was man fragen möchte.	„Ich möchte wissen, wie ich mich am besten für den Job bei der Firma "xy" bewerben kann. Wann haben Sie Zeit mit mir eine Bewerbung zu schreiben?"
3	Man fragt jemanden, der die eigene Person weiterbringen kann.	Einen Spezialisten fragen, der schon erfolgreich Bewerbungen geschrieben hat oder sich in der Branche auskennt.
4	Fragen sollten klar und spezifisch sein.	„Wie schreibe ich einen aussagefähigen Lebenslauf für ein Unternehmen in der Kurierbranche?"
5	Man hört am besten nicht auf, Fragen zu stellen, bis man eine zufriedenstellende Antwort bekommt. Kinder können da als Vorbilder dienen, sie fragen, bis sie bekommen, was sie wollen.	

Tabelle 12: Um die erwünschte Antwort zu bekommen, hilft folgende Fragetechnik.

Wer das Fragen unterlässt, weil er ein „Nein" erwartet, der nimmt zwar dem Antwortgeber die Möglichkeit, „Nein" zu sagen, im gleichen Atemzug negiert er sich, er verneint sich selbst.

Mit Fragen kann man nur gewinnen, man verliert nichts, wenn man fragt.

17 Ablehnungen ablehnen, Integration ist ein Entdeckungsverfahren.

Ablehnungen sind abzulehnen, denn sie sind Mythen.

Ablehnungen existieren nicht, man hat es selbst in der Hand, ob es sie gibt.

Es sind die Wenigsten von uns, die in einer Elite-Universität studiert haben. Man stelle sich mal vor, man wird bei Harvard abgelehnt. Man kennt die Situation, „Nicht in Harvard" zu sein. Nach der Ablehnung hat man die gleiche Situation und kennt sie schon. Man kann damit umgehen. Genauso ist es mit allen anderen Ablehnungen.

Am besten machst du dich mit der amerikanischen Redewendung „SWSWSWSW" vertraut: „some will, some won't; so what – someones waiting" (einige wollen, einige nicht; was soll's – einer wartet auf dich).

Man kann dabei dem Gesetz der großen Zahlen folgen:

- „Das „Ja" wartet draußen auf mich".

- „Das, was ich will, will mich" .

- „Ich muss mich lange genug dahinter klemmen und leidenschaftlich dranleiben."

Auf Entdeckungsreise

Wenn eine Person Nein sagt, fragt man die nächste.

Kinder geben keine Ruhe, bis sie trotz mehrfacher Ablehnung, das bekommen haben, was sie wollen.

Man sieht, Hartnäckigkeit zahlt sich aus. Ich bringe kommunalpolitisch die Abschaffung des Ausländerrats immer wieder in die Diskussion ein. Für mich ist der Ausländerrat eine Wand zwischen Einwanderern und Nichteinwanderern. Obwohl es gut gemeint ist, signalisiert es doch, Ausländer sind Ausländer und haben andere Rechte und Pflichten.

In vielen kommunalen Verwaltungen ist der Ausländerrat Integrationsbeauftragten

Abi
Dal

Kulturen
Entdecken.
Interkulturelle
Erfolgsfaktoren.

oder Integrationsausschüssen gewichen. Eine Trennlinie bleibt noch.

Daher werde ich diesen Punkt immer und immer wieder in die politische Diskussion einbringen, bis die Bürger einer Gemeinde, unabhängig ihrer Nationalität die gleichen Pflichten und Rechte haben.

Es lohnt sich hartnäckig, seine Ziele zu verfolgen. Kleine Schritte und Erfolge führen zum Ziel, deshalb sollte man trotz möglicher Ablehnungen ständig fragen.

Columbus hat durch seine Hartnäckigkeit Amerika entdeckt.

18 Feedback als Integrationsvorteil

Immer nach Feedback fragen.

Feedback ist das Frühstück der Champions. Es gibt zwei Arten von Feedback: ein positives, motivierendes Feedback. Negatives Feedback kommt als Kritik daher, in einigen Fällen kommt die Kritik in einer demotivierenden und vergiftenden Form vor. Am besten geht man mit beiden Formen positiv um.

Feedback	Deine Sichtweise
negativ	positiv
positiv	positiv
Externes Feedback	Kollegen, Freunde, Partner, Behörden
Inneres Feedback	Körper, Gefühle, Verlangen

Tabelle 13: Feedbackarten

Sobald ich ein Vorhaben angefangen habe, frage ich sofort nach Feedback und höre dem Feedbackgeber zu. Man kann Feedback als eine an die eigene Person gerichtete Information betrachten. Es ist hilfreich und führt zur einer positive Einstellung, wenn vermieden wird, negatives Feedback als persönliche Kritik zu sehen. Man sollte für Feedback immer offen sein und sie für sich und sein Vorhaben nutzen.

Wenn kein Feedback aus dem persönlichen Umfeld kommt, dann ist es angebracht, nach Feedback zu fragen. Die Frage nach Feedback sollte in folgende zwei Richtungen gehen:

- „Wenn du eine Note zwischen 1 und 10 geben könntest, welche Note würdest du meinem Essen geben?"

- „Was würdest du machen, um eine volle Note (10) zu bekommen?"

Diese zwei Fragestellungen sollten zur Gewohnheit werden.

1. Immer nach Feedback Ausschau halten,

2. Feedbacks aufschreiben.

3. Feedback von außen und von innen folgen.

Man wird das ganze Leben lang mit giftigem Feedback, und zerstörerischer Kritik konfrontiert sein. Wenn ich auf diese Rückmeldungen treffe, dann gehe ich den unten beschriebenen Weg, um sie zu meistern.

- Ich mache mir im Augenblick der Rückmeldung klar, dass zu diesem

Zeitpunkt ich für mein Vorhaben alles in meiner Macht liegende getan habe.

- Ich mache mir klar, dass ich bis jetzt alles überstanden habe und ich alles künftig bewältigen kann.

- Meine Erfahrungen schreibe ich aus allen Perspektiven betrachtet auf: meine Gefühle, die Lehren daraus. Ich lese meine Aufzeichnung immer wieder nach, um neue Impulse zu finden. Ich denke darüber nach, was ich besser machen kann und schreibe es auf.

- Ich bedanke mich bei jedem, der mir ein Feedback gibt, weil er sich die Mühe gemacht hat, sich mit mir zu beschäftigen.

- Ich kehre meine Fehler nicht unter den Teppich, versuche diese zu korrigieren.

- Nimm dir Zeit, bringe alle deine Erfolge vor dein Auge. Erkenne, dass deine Erfolge die Misserfolge übersteigen, du hast ein positives Erfolgssaldo.

- Ich umgebe mich mit meiner Familie, mit Freunden, besser gesagt mit Menschen, die meinen Wert schätzen.

- Ich fokussiere mich wieder auf meine Vision, falls es notwendig ist, ändere ich meinen Plan, meine Vorgehensweise.

Vor allem Vorurteile und Klischees kommen im Dialog zwischen Kulturen häufig vor. Sie können sehr giftig, verletzend und schädigend sein.

Man sollte sie auf- und wahrnehmen, sich mit ihnen beschäftigen, nach einem Wahrheitsgehalt suchen. Ein harter Feedbackgeber versteckt in seiner Kritik auch eine positive Botschaft an den Feedbacknehmer.

Ich habe für meinen Bruder einen Businessplan geschrieben und den bei einer Bank abgegeben. Als Feedback haben wir eine sehr lange Liste an Mängeln des Businessplans zugeschickt bekommen. Ich war zunächst frustriert ob der langen Liste. Wollen die Banken, Migranten das Leben schwer machen, dachte ich gleichzeitig. Wir haben die Antwort ernst genommen, darüber diskutiert und zu der Erkenntnis gekommen: Die Bank will unser Gutes. Wenn wir erfolgreich ein Business betreiben wollen, dann müssen wir unsere Hausaufgaben professioneller machen. Das war die positive Botschaft.

Wir haben die Botschaft ernst genommen und der Bank einen überarbeiteten Businessplan überreicht. Die Antwort: Die Bank hat sich mit uns beschäftigt.

Feedback ist positiv, man sollte ständig danach fragen.

19 KAIZEN-orientierte Integration.

Sich auf ständige, auf Liebe beruhende Fortschritte einlassen

Jede Integrationspersönlichkeit sollte sich auf konstante und nie endende Verbesserung seiner Integrationspersönlichkeit einlassen.

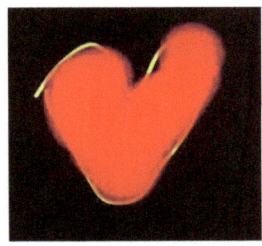

Ein Herz für Integration

Integration heißt, zwei unterschiedliche Kulturen kommen zusammen und werden eins. Ein neu entstehendes System funktioniert noch nicht sofort einwandfrei. Natürlich wird es zwischen neuen Systemteilen Reibungsverluste geben. Diese fangen bei der Kommunikation, unterschiedlicher Sozialisation, verschiedener Glaubensbekenntnisse und Bildungsstand sowie Erziehung an und enden bei persönlicher Einstellung zur Integration. Das System Integration funktioniert als Ganzheit einwandfrei, wenn ihre Elemente einwandfrei funktionieren.

Eine Fußballmannschaft ist zunächst ein Haufen von Individualisten. Sie ist dann erfolgreich, wenn zwischen den Teammitgliedern die Chemie stimmt. Diese stimmt nur dann, wenn eine teamfördernde Atmosphäre bei jedem Mannschaftsteil herrscht. Vom Trainer angefangen bis zum Balljungen. Neid, Missgunst und Zwietracht behindern den Erfolg. Anerkennung, Gönnerhaftgikeit und Eintracht begünstigen Erfolg. Mannschaften wie Eintracht Frankfurt, Eintracht Braunschweig oder Union Berlin heißen deshalb so. In der Türkei gibt es den Fußballclub Genclerbirligi: Union der Jungen.

Voraussetzung für Einigkeit und Frieden ist das ständige Arbeiten an sich selbst, um die Meinungsverschiedenheiten zu minimieren. Dabei ist es wichtig, gute Seiten auszubauen und schlechte dagegen abzubauen. Daher sollte man sich auf eine konstante und nie endende Verbesserung seiner Integrationspersönlichkeit einlassen. Ein sehr gutes Werkzeug, verbesserte Fortschritte zu erreichen, ist KAIZEN.

KAIZEN steht für ständige, effiziente und profitable Verbesserungen in kleinen in Liebe gegossenen Schritten. Die Kraft des KAIZEN's nutzen Japaner erfolgreich in der Qualitätsverbesserung ihrer Produkte, Prozesse und Organisationen. KAIZEN nutzt man erfolgreich, wenn man

● immer darüber nachdenkt,	● profitabler, werden kann,
● wie man effizienter,	● dabei in kleinen Schritten
● besser,	● und mit viel Liebe vorgeht

Tabelle 14: KAIZEN-Schritte

Japaner sind erfolgreich, weil sie im Team gut integriert sind und ständig an der Verbesserung ihrer inneren Teamintegration arbeiten. Das ist die Kraft des KAIZENs für die Integration.

KAIZEN getriebene Integration

Abi
Dal
Kulturen
Entdecken.
Interkulturelle
Erfolgsfaktoren.

20 Integration braucht Geduld und Ausdauer.

Kein Meister ist vom Himmel gefallen.

Meisterschaft ist ein langer, zäher, leidenschaftlicher Prozess, der Ausdauer, Hartnäckigkeit und ständige innere Auseinandersetzung braucht. Wenn man nicht mehr weiter weiß, hält man inne und denkt über Alternativen nach. Dabei sollte man mit sich selbst und anderen gegenüber friedlich vorgehen.

Wenn man auf dem Weg zum Ziel auf einen Felsbrocken trifft, dann sollte man anhalte, ihn von allen Seiten betrachten. Dann sollte man sich Gedanken machen, wie man um, unter, durch oder über den Fels kommen kann. Dabei immer drei alternative lösungsorientierte Strategien zu erstellen, ist sehr hilfreich. Eine von den drei Lösungen wird es werden.

Nach dem Studium habe ich vergeblich versucht, in einer Bank eingestellt zu werden. Der Grund ist folgender Felsbrocken gewesen: mit 29 wenig Berufserfahrung, fehlende Kenntnisse in Finanzdienstleistungen und fehlende Marketingerfahrung. Das, was ich habe machen müssen, sind drei Maßnahmen gewesen, um diesen Felsbrocken zu bewältigen:

- Selbstvermarktung,

- Wissen in der Finanzdienstleistung,

- Berufserfahrung.

Meine Bewerbungen bei den deutschen Großbanken haben also keine Früchte getragen, aber ich habe unbedingt in einer Bank arbeiten wollen. Um mein Ziel zu erreichen, habe ich die drei genannten Dinge erledigen müssen. Bei einem Feinkostgroßhändler habe ich angefangen, Oliven mit Verkaufsfördermaßnahmen und Kampagnen zu verkaufen. Diese Verkaufserfahrung hat mir geholfen, mich zu vermarkten. Einen Felsbrocken habe ich überwunden. Mit Selbstvermarktungskenntnissen habe ich geschafft, in einer Investmentgesellschaft als Abwicklungsspezialist Fuß zu fassen. So bin ich in die Strukturen und in das Netzwerk der Finanzdienstleiter hineingekommen. Die zweite Hürde habe ich hinter mir gelassen. Mein Wissen über die Strukturen, Sprache und das Netzwerk der Finanzdienstleister in Frankfurt hat mir geholfen, die dritte Hürde zu schaffen. Meine Kontakte und Tätigkeiten in der Finanzdienstleistungsbranche habe ich gekonnt als Berufserfahrung vermarktet und bei der Bewerbung für einen Bankjob angegeben. Nun bin ich ein angestellter Controller in einer deutschen Großbank und beliefere das Bankmanagement mit Berichten.

Wie man sieht, gibt es Alternativen und Wege, um Hindernisse auf dem Weg zum Ziel zu umgehen oder zu bewältigen. Man sollte diese Felsbrocken daher als Meilensteine für eine noch größere Erfahrung betrachten. Erst gemeisterte Schwierigkeiten vor allem in einer beruflichen Integration bringen einen weiter. Wenn man einmal eine erste große Hürde geschafft hat, dann geht man an die nächsten Integrationsvorhaben viel selbstbewusster heran und sie gelingen dadurch viel leichter.

21 Integration und das Gesetz der großen Zahlen

Der Zahl Fünf folgen, um die Integrationschancen zu verbessern

Um die Integrationschancen zu verbessern, kann man fünf Mal dieselben Dinge machen, denselben Sachverhalt an fünf verschieden Leute adressieren , verschicken und fünfmal verschiedene Personen Institutionen, Behörden kontaktieren. Eine Behörde, ein Arbeitsplatz, ein Ausbildungsplatz oder ein Ansprechpartner wird immer existieren, um sich der Angelegenheit positiv anzunehmen. Das ist das Gesetz der großen Zahl, man kann es nutzen, sollte es nutzen, um die Integrationschancen zu verbessern.

Das Phänomen der großen Zahlen kann man mit dem Würfel verdeutlichen: Je häufiger man einen Würfel wirft, desto gleich häufig werden die Würfelaugen verteilt sein.

gewürfelte Augen in %							
Anzahl Würfe	**1**	**2**	**3**	**4**	**5**	**6**	**Gesamt**
50	14%	19%	22%	20%	14%	11%	100%
1.000	17%	17%	17%	17%	17%	17%	100%

Tabelle 15: Integration nach dem Gesetz der großen Zahlen

Mit einer Beschäftigung geht Integration viel leichter von statten. Doch meist tun sich Migranten schwer, eine Arbeit zu finden und geben nach einigen Versuchen auf, eine ihrer Lebenslage entsprechende Arbeitsstelle zu finden. Die negativen Erfahrungen aus diesen wenigen Versuchen (Gesetz der kleinen Zahl) verleiten Migranten dazu, die Jobsuche aufzugeben. Das Gesetz der kleinen Zahl suggeriert dem Migranten: „Dich stellt dich doch sowieso keiner ein". Die Auswertung einer 50iger Würfelserie zeigt, das Würfelauge „6" wird mit einer Häufigkeit von 11% geworfen. In einer anderen Würfelserie wird es vielleicht mit einer Häufigkeit von 20% geworfen. Wird die Würfelserie auf 100, 200 erhöht so passen sich die Häufigkeiten der Würfelaugen an. Bei über 1.000 Würfen sind die Häufigkeiten nahezu gleich verteilt.

Für die Jobsuche heißt das, wenn man dran bleibt, wird man aufgrund des Gesetzes der großen Zahlen einen Job finden, der zum eigenen Profil passt. Man sollte sich daher die Irreführung der kleinen Zahlen und Proben klarmachen und entgegengesetzt nach der Fünfer-Regel handeln.

Die demographische Entwicklung in Deutschland gibt die Möglichkeit, die Fünfer-Regel auf jeden Fall mit Erfolg zu krönen. Die Studie des Statistischen Landesamtes von Baden-Württemberg zur Bevölkerungszusammensetzung des Landes im Jahre 2007 führt folgendes aus: „Nach den Ergebnissen des Mikrozensus lebten in Baden-Württemberg im Jahr 2007 gut 2,7 Millionen Menschen mit Migrationshintergrund. Mehr als ein Viertel der insgesamt 10,7 Mill. Baden-Württemberger gehören damit zu

den Migranten."

Diese Bevölkerungsgruppe besteht aus gut 1,4 Mill. Personen mit deutscher Staatsangehörigkeit (13% der baden-württembergischen Bevölkerung) und annähernd 1,3 Mill. Ausländern (12% der baden-württembergischen Bevölkerung).
Mit gut 25% liegt in Baden-Württemberg der Anteil dieses Personenkreises deutlich über dem Bundesdurchschnitt von knapp 19%. Im Vergleich aller Bundesländer weisen die Stadtstaaten Hamburg und Bremen mit jeweils rund 26% den höchsten Anteil an Personen mit Migrationshintergrund auf. Unter den Flächenländern hat allerdings Baden-Württemberg den höchsten Migrantenanteil. Diese Entwicklung begünstigt das Wachsen der Ethnoökonomie und kommt dem Profil der Menschen mit Migrationshintergrund näher.

- Hier schafft die Kraft der großen Zahlen, Möglichkeiten in der Ethnoökonomie einen Job zu finden.

- Mann kann das Gesetz der großen Zahlen für sich arbeiten lassen. Hat man einen Job, hat man einen großen Schritt hin zu einer erfolgreichen Integration getan.

- Das Gesetz der großen Zahlen und die Fünfer-Regel gelten immer und in allen Lebensbereichen.

47

Abi
Dal
Kulturen
Entdecken.
Interkulturelle
Erfolgsfaktoren.

22 Integrationserfolg zieht Integrationserfolg an.

Sich mit erfolgreichen Menschen umgeben.

Man ist der Durchschnitt der fünf Menschen, mit denen man die meiste Zeit verbringt. Will man beruflich weiterkommen, sollte man Mitglied in einer beruflichen Vereinigung sein, sich mit Menschen, die deiner Vision am meisten näherkommen, umgeben. Will man wie ein Deutscher denken, sollte man sich mit Deutschen umgeben. Möchte man Chinesen verstehen, dann sollte man mit Chinesen ausgehen. Mittlerweile gibt es in Deutschland eine ausreichend große chinesische Community, um Bekanntschaften zu schließen.

Türken und Deutschen haben folgendes gemeinsam: Sie sind gerne in Vereinen organisiert und delegieren ihre Belange an die Vereinsführung. Die Vereinsführung führt, leitet und ist das Vorbild für die Vereinsmitglieder. Schlummert der Verein vor sich hin, so schlummern die Mitglieder ebenfalls vor sich hin. Viele Migranten sind in Kulturvereinen organisiert und haben Ihre Belange an den Verein delegiert. Meist fehlt den Vereinsmanagern die Kenntnis der deutschen Sprache und des Bildungs- und Wirtschaftssystems. Der Erfolg der in Vereinen organisierten Migranten hängt von dem Erfolg der Vereinsführung zusammen. Mein Tipp hier: Die eigene Kultur im Verein leben und sich für den Integrationserfolg mit erfolgreichen Menschen außerhalb des Kulturvereins umgeben.

Wenn man es finanziell einrichten kann, sollte man zusammen mit Geschäftsleuten 1. Klasse fliegen oder fahren. Man sollte jede Möglichkeit nutzen, um in Gegenwart von erfolgreichen und außergewöhnlichen Menschen zu sitzen, auch wenn es etwas kostet. Man kann sich als Fußballbetreuer in Vereinen engagieren, der sportliche Erfolg strahlt über auf den Integrationserfolg, was für die kulturelle Ebene gleichermaßen gilt. Die meisten Betreuer in Vereinen sind beruflich und geschäftlich erfolgreiche Führungs- oder Facharbeiter.

Es gibt zwei Typen von Menschen:

Motoren	Sie gehen immer irgendwo hin.
Anker	Sie rasten und rosten.

Tabelle 16: Motoren und Anker

Man sollte den Anker lösen, der religiös, kulturell, ethnisch und/oder traditionell sein kann, und sich an die Motoren anhängen. Man kann lernen, wie erfolgreiche Menschen arbeiten, und deren Verhaltensweisen in die eigene adaptieren.

Man sollte wählerisch sein und nicht alles annehmen. Man kann eine Liste der Menschen machen, die das eigene Leben beeinflussen. Hinter jeden Namen kann ein „– "für negativ oder ein „+" für positiv stehen. Anschließend kann man sich von Leuten trennen, die das eigene Leben negativ beeinflussen. Positive Gefährten können die negativen nach und nach ersetzen.

Menschen mit giftigen Gedanken sollten vermieden werden. Stattdessen kann man sich an Menschen halten, die positive Denker, Idealisten, Visionäre sind. Diese trifft man in vielen Migrantenvereinen, die mit Kritik und negativen Gedanken, ihre Umgebung verunsichern, um selbst einen Vorteil zu erhaschen.

Mit Ferdinand Kuschnick und Klaus Wowereit in Berlin

Selbstbewusste und erfolgreiche Menschen, haben eine positive und motivierende Sprache. Sie haben keine Furcht vor dem interkulturellen Austausch. Erfolgreiche Menschen arbeiten meist international. Man sollte sich an diesen orientieren.

49

Abi
Dai
Kulturen
Entdecken.
Interkulturelle
Erfolgsfaktoren.

23 Versäumnisse und Unvollendungen der Integration bereinigen

Wenn man die Vergangenheit nicht vollendet hat, ist man in der Gegenwart nicht frei, die Zukunft zu umarmen.

Ziel sollte es sein, ein Vollendungsbewusstsein zu erreichen. Dafür kann man Gebrauch von den amerikanischen 4 D's machen:

1. Do it (Mache es).

2. Delegate it (Delegiere es).

3. Delay it (Schiebe es auf)

4. Dump it (Eliminiere es).

Wenn man die 4D's erfolgreich befolgt, schafft man Platz für etwas Neues in Leben. Man sollte dabei radikal vorgehen, die Dinge abschaffen, die man 6 Monate nicht benutzt hat, dazu gehören auch Unterlagen.

Man sollte sich vornehmen, alle 3 Monate eine Unvollendung zu vollenden.

In folgenden Bereichen liegen die meisten Unvollendungen:

1. Frühere Geschäftsaktivitäten

2. Versprechen nicht eingehalten

3. Unbezahlte Schulden

4. Überfüllter Kleiderschrank

5. Überfüllte Garage

6. Deutsche Sprache lernen.

7. Den deutschen Pass beantragen

Versäumnisse und Unvollendungen behindern das Integrationsgeschehen enorm. Einer aus einer Migrantengruppe, der es versäumt hat, seine Rechnungen zu zahlen, wirft ein schlechtes Bild auf alle anderen Migranten. Eine überfüllte Garage, ein ungepflegter Garten, ungewaschene Kleider usw. gehören zu Unvollendungen, die ein schlechtes Beispiel abgeben.

Viele Migranten bekommen Abfindungen und investieren diese in Geschäftsaktivitäten. Einige die sich gewissenhaft, darauf vorbereitet haben, Ihre Fähigkeiten und Qualifikationen darauf abzustimmen, überleben. Die meisten Migrantenunternehmer gehen dagegen mit Versäumnissen und unvollendeten Qualifizierungen in die Selbständigkeit und wundern sich schnell, warum sie scheitern.

Das größte Versäumnis und die höchste Unvollendetheit für einen Migranten in

Abi
Dal
Kulturen
Entdecken.
Interkulturelle
Erfolgsfaktoren.

Deutschland ist die unzulängliche Kenntnis der deutschen Sprache. Die Kenntnisse der deutschen Sprache vereinfacht die Integration enorm. Falls dies bei einem selbst oder in eigenem Umfeld zutrifft, sollte man diese Herausforderung anpacken und sie vollenden.

Deutsch zu reden und schreiben ist der wichtigste Treiber für Integrationserfolg. Die deutsche Sprache zu beherrschen, bedeutet, eigene Angelegenheiten ohne Dolmetscher zu erledigen. Mit Sprache kann man auf die kulturelle, gesellschaftliche, soziale und wirtschaftliche Entwicklung des Deutschlands selbst Einfluss nehmen.

Kurzum: Man ist auf keinen angewiesen und bringt sich ein.

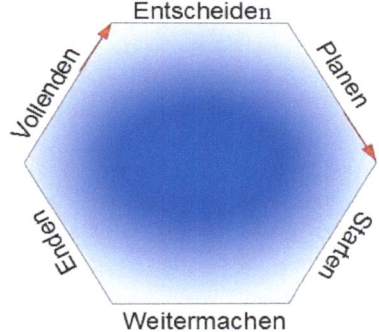

Das Hexagon (Sechseck) der Vollendung

Es macht dabei nichts aus, wenn man am Anfang gebrochen redet, mit der Zeit wird Sprache flüssiger. Die meisten deutschen warten auf einen Schritt von dem Migranten. Migranten sollten auf Deutsche zugehen und sie werden helfen. Man sollte von sich aus um Korrekturen der deutschen Sprache und Grammatik bitten, denn ohne Feedback ist Entwicklung schwer. Sprachfeedback des deutschen Gesprächspartner ist von großem Nutzen, um die deutsche Sprache zu vollenden.

Abi
Dal
Kulturen
Entdecken.
Interkulturelle
Erfolgsfaktoren.

24 Das Integrationsverhalten verändern.

Fünf neue Erfolgsverhalten pro Jahr entwickeln.

Psychologen sagen, 90% unseres Lebens laufen als Routine ab, d.h. aufstehen, duschen, frühstücken, zur Arbeit fahren, Sport machen/nicht machen und vieles mehr.

⇧ Positiv daran ist, Gewohnheiten befreien den Geist, während der Körper die Dinge automatisch durchführt.

⇧ Die negative Folge ist: Routine verleitet zum unbewussten selbst bekämpfenden Verhalten, was Entwicklung und Erfolg beeinträchtigen kann.

Der persönliche aktuelle Zustand, sei es allgemein im Leben oder speziell Im Integrationsgeschehen ist immer Ergebnis der selbst entwickelten Gewohnheiten.

Wenn man mehr erreichen möchte, als man erreicht hat, dann sollte man eingefahrene Verhaltensweisen ablegen, die das Leben negativ beeinflussen, wie z.B. langes Fernsehen, sarkastische Kommentare geben, jeden Tag Fastfood essen, rauchen, spät zu Terminen kommen, mehr ausgeben als einnehmen.

Gewohnheiten führen immer zu einem Ergebnis. Wenn es gute Gewohnheiten sind, resultieren daraus positive Ergebnisse, bei schlechten negative.

Erfolg ist eine Folge guter Gewohnheiten, langer Ausdauer und ständiger Arbeit.

Schlechte Gewohnheiten tauchen im Leben immer auf. Es ist nie zu spät, schlechte Gewohnheiten zu definieren und bessere Gewohnheiten zu entwickeln. Wahren Freunde teilen mit, was man an schlechten, guten, weiterbringenden Eigenschaften hat.

Entwickelt man jedes Jahr pro Quartal eine neue gute Gewohnheit, so hat man nach fünf Jahren 20 Nutzen gebende Gewohnheiten, die

● das Geld, das man haben will,

● die wundervollen Beziehungen, die man sich wünscht

● ein gesunden energiereichen Körper

● plus verschiedene neue Möglichkeiten bringen.

Mann kann jetzt anfangen, 5 neue Gewohnheiten aufzuschreiben, die man im nächsten Jahr entwickeln möchte.

Wenn man an einer neuen Gewohnheit ein Vierteljahr lang arbeitet, d.h. 12-13 Wochen lang die neuen Gewohnheiten durchführt, dann wird sie zu lebenslangen Routine.

Neue und andere Verhaltensbeispiele

1	Jeden Tag 10 neue deutsche Vokabeln lernen.
2	Einmal in der Woche mit Deutschen ausgehen oder diese zum Essen einladen.
3	Abwechselnd eine Kirche, Moschee oder eine andere Gebetsstätte besuchen.
4	Bücher abwechselnd in deutscher und in der Muttersprache lesen.

Tabelle 17: Neue und andere Verhaltensweisen

Durch systematisches Hinzufügen von weiteren neuen Gewohnheiten, verbessert man die Integrationsperformance noch stärker.

Abi
Dal
Kulturen
Entdecken.
Interkulturelle
Erfolgsfaktoren.

25 Sich auf die eigene Integration fokussieren.

Auf den inneren Kern des Integrationsvorhabens fokussiert bleiben.

Erfolg ist eine Folge eigener Taten. Erfolgreiche Menschen folgen ihrem inneren Wesensdrang und machen das, was sie wirklich machen möchten.

Sie fokussieren sich darauf und alles andere delegieren sie. Andernfalls ergeben sich schlechte Ergebnisse. Durch Delegation bleibt mehr Zeit für sich selbst, die eigene Familie und für das, was man gerne macht.

Unternehmer sind Artisten, die die anderen dazu bewegen, sie in dem, was sie tun, zu unterstützen und dafür auch noch Geld bekommen. Boris Becker hat Tennisspielen gemocht. Viele Leute haben teure Tickets gekauft, um ihn beim Tennisspielen zu sehen. Jedes Mal, wenn er Tennis gespielt hat, ist er im Tennis besser geworden. Die Antrittsgelder und Preisgelder hat er in sein Tennisspielen investiert.

Kaya Yanar und Bülent Ceylan lieben es, Menschen zu unterhalten und betten dies in ihren interkulturellen Hintergrund ein. Sie machen daraus erfolgreiche Fernsehshows und verdienen Geld damit.

Cem Özdemir ist ein leidenschaftlicher Politiker. Er hat Erfolg, weil er dies mit aller höchster Aufmerksamkeit verfolgt. Sein Erfolg in der Politik strahlt positiv auf das Integrationsgeschehen aus.

Gülcan Kamps ist die geborene Moderatorin. Sie seht gerne im Mittelpunkt und das schafft sie, indem Sie ohne Pause redet. Durch Ihre Gabe, einfach drauf los zureden, hat sie es geschafft, Moderatorin zu sein.

Ich könnte die Liste um etliche Beispiele erweitern. Doch was zählt ist nicht die Liste, sondern den Fokus auf das zu legen, was einem gefällt und was man mit eigenen Fähigkeiten erreichen kann. Alles was, den Fokus auf dein Vorhaben stört, sollte man abschaffen, zur Seite legen und/oder delegieren.

Am besten macht man, was man liebt, baut es in das Integrationsgeschehen ein und beseitigt alles das, was den Fokus darauf stört. Erfolg, Ansehen und Geld werden folgen.

26 Mit dem Integrationsmarathon sofort anfangen.

Man sollte sofort beginnen, einfach loslegen.

Wichtig ist, man bringt sich mit dem ein, was einem Spaß macht und was man kann. Erfolg im Beruf, privat und in der Integration werden folgen.

Es gibt keine perfekte Zeit zum Starten. Es ist gut, sofort loszulegen. Man sollte aufhören, darauf zu warten, bist man vollkommen bereit ist, denn man wird nie vollkommen bereit sein. Erst wenn man sofort anfängt, bekommt man Feedback und Verbesserungsideen für sein Leben.

Manchmal sind Nebeneffekte des Tuns wichtiger als das Hauptziel, was dem Treiben der Bienen entspricht. Eine Biene fliegt von Blüte zu Blüte, um Honig zu produzieren. Am Ende des Hin- und Herfliegens kommt Honig heraus. Der Blütenraub der Bienen fördert ein noch wichtigeres Nebenprodukt zu Tage: Die Bestäubung. Die Bestäubung sorgt für die Grundlage für die Erneuerung der Planzenwelt, sie sorgt für reichlich Sauerstoff.

Mit dem Integrationsmarathon sofort starten

Eine 1.000km-lange Reise beginnt mit dem ersten Schritt, daher sollte man den Prinzipien in der beschriebenen Reihenfolge dieses Buches spätestens jetzt folgen, wenn man den Integrationserfolg ernsthaft möchte.

27 Anhang

Adems Bestimmung – Wie ermittelt Adem seine Bestimmung

Spass und Können

Spass
- Kunden beraten
- behilflich sein
- Fußball
- eingespieltes Team
- gerne mit Menschen zusammen
- gerne bedienen
- Menschen gesund halten
- gut aussehen
- leute zum Lachen bringen
- Schauspielern, vormachen

Was kann ich?
- Menschen motivieren
- Deutsch und Türkisch
- Fußball spielen/Kenntnisse in Fußball
- clever/Attraktiv/humorvoll
- Mode bewusst
- anpackend kraftvoll
- Kontaktfreude/kontakteknüpfen

Was möchte ich lernen?
- Wirtschaftsprozesse

Lösung: Onkel Abi

Mir macht es Spaß, mit gutem Aussehen und körperlicher Fitness im Sport und Fitnessbereich in einem gut eingespielten Team Menschen zu bedienen, zu beraten, ihnen behilflich zu sein und diese Menschen lächelnd gesund zu halten.

Mir fällt es leicht, auf Menschen humorvoll zuzugehen und sie zu motivieren, modisch und sportlich attraktiver zu sein.

Adems Berufung

Adems Angebot an Unternehmen

Spass

Mir macht es Spaß, mit gutem Aussehen und körperlicher Fitness im Sport und Fitnessbereich in einem gut eingespielten Team Menschen zu bedienen, zu beraten, ihnen behilflich zu sein und diese Menschen lächelnd gesund zu halten.

Fähigkeit

Mir fällt es leicht, auf Menschen humorvoll zuzugehen und sie zu motivieren, modisch und sportlich attraktiver zu sein.

Bestimmung

Ich möchte mit humorvollen Menschen im Team zusammenarbeiten, die Spass an Kontakten mit Menschen haben. Im Sport- und Fitnessbereich, wenn es geht im Fussball, möchte ich Menschen dienen und sie motivieren, durch sportliches und modisches Aussehen gesund zu bleiben.

Adems Bewerbungsangebot

www.ingramcontent.com/pod-product-compliance
Lightning Source LLC
Chambersburg PA
CBHW050823290526
45792CB00001B/236